はじめに

この冊子は、主に福祉職場への就職を目指している方を対象に、福祉の仕事にはどのようなものがあり、仕事をする上でどのような資格や要件が必要なのか、就職活動をどのように進めたら良いのかについてまとめたものです。

福祉の仕事と一言で括っても、対象分野は、高齢者、障害者、子供、女性、生活福祉、地域福祉などその幅は広く、また職種についても介護職員、生活相談員、介護支援専門員（ケアマネジャー）、生活支援員、保育士、看護師、栄養士、調理員、事務職員などさまざまです。

この冊子では、高齢者、障害者、児童など分野ごとの福祉の仕事の内容をはじめ、福祉の資格や福祉業界の求人の現状や傾向、就職活動の方法、就職に関わる情報源などを紹介しています。

皆さまが本書を活用され、希望の仕事に就かれることを心より願っています。

2023（令和５）年12月
社会福祉法人　東京都社会福祉協議会
東京都福祉人材センター

第1章 福祉の仕事

第2章 福祉関係の主な資格

第3章 福祉の求人の特徴

第4章 就職活動の方法

第5章 就職活動や福祉の仕事に関する情報

【凡例】

○この冊子は主に東京都内（一部都外含む）の状況について説明しています。

○第１章の各分野ごとの「東京での事業所数」は、令和５年９月１日現在、各行政主管課等がホームページ等で公開している箇所数を収録しています。主管課により把握日が異なりますので、おおむね東京都内で開業している事業所数の傾向とご理解ください。また、把握する部署がない場合は数値が空欄になっています。

○掲載している写真については、ひのでホーム、慈生会中野ケアプランセンター、ヘルパーステーション和翔苑、あだちの里、アイピー、希望の家、万願寺保育園、ふたばホーム、いこいの家、すぎな愛育園、さつき荘、博水の郷、小平市社会福祉協議会、地域生活支援センターぴーと、地域生活支援センター「える」、シャロームみなみ風、かつしかセンター、東京都大田福祉工場、二葉むさしが丘学園にご協力いただきました。ここに厚くお礼申し上げます。

正誤表の有無の確認

制度改正等により正誤表が入る場合があります。正誤表の有無は、「東京都社会福祉協議会」のホームページで「福祉の本」のタブを開いて、「ふくしのしごとがわかる本」と検索してください。

第 1 章

福祉の仕事

福祉関係の職場では、さまざまな専門職が働いています。この章では福祉を「高齢者」、「障害者」、「子供・女性」、「生活福祉」、「地域福祉」と５つに分け、各分野における施設・事業所、提供されるサービス（事業）、働く職種、働き方等を紹介します。

1 高齢者福祉に関わる職場と仕事

(1) 主な高齢者むけサービスと職種一覧

サービス	主な事業（東京での事業所数）	主な職種
介護の相談・ケアプランを作成する	1 居宅介護支援(予)（3190）	・介護支援専門員（ケアマネジャー）（P10）
	2 地域包括支援センター（469）	・保健師 ・社会福祉士 ・主任介護支援専門員
居宅で支援する	3 訪問介護（3376）	・訪問介護員（ホームヘルパー）（P8） ・サービス提供責任者（P11）
	4 訪問入浴(予)（157）	・介護職員 ・看護師
	5 夜間対応型訪問介護(地)（47） 6 定期巡回・随時対応型訪問介護看護(地)（119）	・ホームヘルパー ・オペレーター
	7 訪問看護(予)（1673）	・看護師
	8 訪問リハビリテーション(予)（156）	・OT/PT/ST※1
通所で支援する	9 通所介護・地域密着型通所介護(地)（1684）※2 10 認知症対応型通所介護(予)(地)（374）	・介護職員（P7） ・生活相談員（P9） ・機能訓練指導員
	11 通所リハビリテーション(予)（71）	・OT/PT/ST ・介護職員
	12 療養通所介護(地)（6）	・介護職員 ・看護師
居宅・通所・宿泊を組み合わせて支援する	13 小規模多機能型居宅介護(予)(地)（237） 14 看護小規模多機能型居宅介護(地)（67）	・介護職員 ・看護師 ・介護支援専門員
地域に密着した小規模な施設で支援する	15 認知症対応型共同生活介護(予)(地)（713）	・介護職員 ・計画作成担当者
	16 地域密着型介護老人福祉施設入所者生活介護(地)（38） 17 地域密着型特定施設入居者生活介護(地)（7）	・介護職員 ・生活相談員 ・機能訓練指導員 ・介護支援専門員
短期間宿泊で支援する	18 短期入所生活介護(予)（645）	・介護職員 ・生活相談員
	19 短期入所療養介護(予)（125）	・看護師 ・OT/PT
入所で支援する	20 介護老人福祉施設（582） 21 特定施設入居者生活介護(予)（875）	・介護職員 ・生活相談員 ・機能訓練指導員 ・介護支援専門員
	22 介護老人保健施設（203）	・介護職員 ・支援相談員 ・OT/PT/ST ・介護支援専門員
	23 介護療養型医療施設・介護医療院（25）	・介護職員 ・介護支援専門員
	24 養護老人ホーム（32）	・支援員 ・生活相談員
	25 軽費老人ホーム（ケアハウス）（49） 26 軽費老人ホーム（都市型）（92）	・介護職員 ・生活相談員
	27 有料老人ホーム（1066）	・介護職員 ・生活相談員
	28 サービス付き高齢者向け住宅（415）	・ケアの専門家
福祉用具利用を支援する	29 福祉用具貸与(予)（682） 30 特定福祉用具販売(予)（701）	・福祉用具専門相談員（P62）

(予)：介護保険制度における介護予防サービスのあるもの。要介護状態になることを予防するための軽度者むけのサービス。
(地)：介護保険制度における地域密着型サービス。指定した区市町村の住民の利用が基本のサービス。
※1 OT：作業療法士 PT：理学療法士 ST：言語聴覚士
※2 数字は通所介護と地域密着型通所介護の合計

(2) 主な高齢者むけサービス

介護の相談・ケアプランを作成する

1　居宅介護支援事業(予)

利用者が可能な限り自宅で自立した日常生活を送ることができるよう、介護支援専門員が、利用者の心身の状況や置かれている環境に応じた介護サービスを利用するための居宅サービス計画書（ケアプラン）を作成し、そのプランに基づいて適切なサービスが提供されるよう、事業者や関係機関との連絡・調整を行います。

2　地域包括支援センター

介護や医療などの生活の悩みを聞く総合相談、要支援１、２の高齢者の介護予防支援計画（ケアプラン）の作成、成年後見制度の紹介、地域の介護支援専門員の支援など、身近な地域の介護相談の窓口です。

居宅で支援する

3　訪問介護

ホームヘルパーが利用者の自宅を訪問し、食事・排泄・入浴などの介護（身体介護）や、掃除・洗濯・買い物・調理などの生活の支援（生活援助）をします。通院などを目的とした乗車・移送・降車の介助サービスを提供する事業所もあります。

4　訪問入浴(予)

利用者の身体の清潔の保持、心身機能の維持回復を図り、利用者の生活機能の維持又は向上を目指して実施します。看護職員と介護職員が利用者の自宅を訪問し、持参した浴槽によって入浴の介護を行います。

5　夜間対応型訪問介護(地)

夜間帯にホームヘルパーが利用者の自宅を訪問します。「定期巡回」と「随時対応」の２種類のサービスがあります。

6　定期巡回・随時対応型訪問介護看護(地)

定期的な巡回や随時通報への対応など、利用者の心身の状況に応じて、24時間365日必要なサービスを必要なタイミングで柔軟に提供します。また、サービスの提供にあたっては、ホームヘルパーだけでなく看護師なども連携しているため、介護と看護の一体的なサービス提供を受けることもできます。

7　訪問看護(予)

利用者の心身機能の維持回復などを目的として、看護師などが疾患のある利用者の自宅を訪問し、主治医の指示に基づいて療養上の世話や診療の補助を行います。

8　訪問リハビリテーション(予)

理学療法士、作業療法士、言語聴覚士などが利用者の自宅を訪問し、心身機能の維持回復や日常生活の自立に向けたリハビリテーションを行います。

通所で支援する

9　通所介護（デイサービス）・地域密着型通所介護(地)

利用者が通所介護の施設（デイサービスセンターなど）に通い、食事や入浴などの日常生活上の支援や、生活機能向上のための機能訓練や口腔機能向上サービスなどを日帰りで提供します。利用定員18人以下の地域密着型通所介護と19人以上の一般の通所介護があります。

10　認知症対応型通所介護(予)(地)

認知症の利用者が通所介護の施設（デイサービスセンターやグループホームなど）に通い、施設では、食事や入浴などの日常生活上の支援や、生活機能向上のための機能訓練や口腔機能向上サービスなどを日帰りで提供します。施設は利用者の自宅から施設までの送迎も行います。

11　通所リハビリテーション（デイケア）㊎

利用者が通所リハビリテーションの施設（老人保健施設、病院、診療所など）に通い、食事や入浴などの日常生活上の支援や、生活機能向上のための機能訓練や口腔機能向上サービスなどを日帰りで提供します。

12　療養通所介護㊞

難病、認知症、脳血管疾患後遺症等の重度要介護者又はがん末期患者を対象にしたサービスです。施設では、食事や入浴などの日常生活上の支援や、生活機能向上のための機能訓練や口腔機能向上サービスなどを日帰りで提供します。施設は利用者の自宅から施設までの送迎も行います。

居宅・通所・宿泊を組み合わせて支援する

13　小規模多機能型居宅介護㊎㊞

利用者の選択に応じて、施設への「通い」を中心として、短期間の「宿泊」や利用者の自宅への「訪問」を組合せ、家庭的な環境と地域住民との交流の下で日常生活上の支援や機能訓練を行います。

14　看護小規模多機能型居宅介護㊞

利用者の選択に応じて、施設への「通い」を中心に短期間の「宿泊」や利用者の自宅への「訪問」（介護）に加えて、看護師などによる「訪問」（看護）も組み合わせることで、家庭的な環境と地域住民との交流の下で、介護と看護の一体的なサービスの提供を受けることができます。

地域に密着した小規模な施設で支援する

15　認知症対応型共同生活介護（グループホーム）㊎㊞

認知症の利用者が、グループホームに入所し、家庭的な環境と地域住民との交流の下で、食事や入浴などの日常生活上の支援や、機能訓練などのサービスを受けます。グループホームでは、１つの共同生活住居に５～９人の少人数の利用者が、介護スタッフとともに共同生活を送ります。

16　地域密着型介護老人福祉施設入所者生活介護㊞

入所定員30人未満の特別養護老人ホームが、常に介護が必要な方の入所を受け入れ、入浴や食事、機能訓練、療養上の世話などを提供します。地域密着型介護老人福祉施設入所者生活介護は、明るく家庭的な雰囲気があり、地域や家族との結びつきを重視した運営を行うこととされています。

17　地域密着型特定施設入居者生活介護㊞

指定を受けた入居定員30人未満の有料老人ホームや軽費老人ホームなどが、食事や入浴などの日常生活上の支援や、機能訓練などを提供します。

短期間宿泊で支援する

18　短期入所生活介護（ショートステイ）㊎

介護老人福祉施設（特別養護老人ホーム）などが、常に介護が必要な方の短期間の入所を受け入れ、入浴や食事などの日常生活上の支援や、機能訓練などを提供します。

19　短期入所療養介護（ショートステイ）㊎

医療機関や介護老人保健施設が、短期間の入所を受け入れ、日常生活上の世話や、医療、看護、機能訓練などを提供します。

入所で支援する

20　介護老人福祉施設（特別養護老人ホーム）

原則、要介護３以上の方の入所を受け入れ、入浴や食事などの日常生活上の支援や、機能訓練、療養上の世話などを提供します。 新築や改築の場合は個室での介護（ユニットケア）が原則です。

21　特定施設入居者生活介護(予)

指定を受けた有料老人ホームや軽費老人ホームなどが、食事や入浴などの日常生活上の支援や、機能訓練などを提供します。

22　介護老人保健施設

在宅復帰を目指している方の入所を受け入れ、入所者が可能な限り自立した日常生活を送ることができるよう、リハビリテーションや必要な医療、介護などを提供します。今後は在宅療養支援も重要になってきます。

23　介護医療院・介護療養型医療施設

長期にわたって療養が必要な方の入所を受け入れ、入所者が可能な限り自宅で自立した日常生活を送ることができるよう、機能訓練や必要な医療、介護などを提供します。介護療養型医療施設は、2023（令和５）年度末に廃止予定です。「介護医療院」は2018（平成30）年４月からスタートしています。

24　養護老人ホーム

経済的に困窮かつ、現在おかれている環境では在宅で生活することが困難な高齢者が入所する施設です。入所は、老人福祉法第11条に基づく措置権者(区市町村)の判断により行われます。

25　軽費老人ホーム（ケアハウス）

家庭環境、住宅事情等の理由により居宅で生活することが困難な低所得の60歳以上の方に、低額な料金で食事の提供、入浴の準備等の日常生活上のお手伝いのほか、介護が必要なときは外部の介護サービスか、自施設の「特定施設入居者生活介護」を利用します。

26　軽費老人ホーム（都市型）

入所定員20人以下等、軽費老人ホーム（ケアハウス）より基準が緩和されたタイプの軽費老人ホームです。介護が必要なときは外部の介護サービスを利用します。ほかに軽費老人ホーム（ケアハウス）の制度化以前からある軽費老人ホームで食事付きのＡ型、自炊タイプのＢ型があります。

27　有料老人ホーム

入居する高齢者に①介護の提供、②食事の提供、③洗濯・掃除等の家事、④健康管理のいずれかのサービスを提供しているもののうち、老人福祉施設やグループホーム等でないものをいいます。サービス別で介護付、住宅型、健康型の3つに分けられ、指定を受ければ、特定施設入居者生活介護を提供することが可能です。

28　サービス付き高齢者向け住宅（サ高住）

“高齢者住まい法”に基づく高齢の単身者や夫婦世帯むけの登録制の賃貸住宅です。職員が常駐し、入居者の安否確認と生活相談サービスを受けることができます。介護サービスが必要な時は別途利用契約が必要です。

福祉用具利用を支援する

29　福祉用具貸与㋫

指定を受けた事業者が、利用者の希望、心身の状況及びその生活環境等をふまえ、適切な福祉用具を選ぶための援助・取り付け・調整などを行い、福祉用具を貸与します。

30　特定福祉用具販売㋫

福祉用具販売の指定を受けた事業者が、貸与になじまない入浴や排泄に用いる福祉用具を販売します。

(3) 主な高齢者むけサービスの職種

介護職員

介護職員のいる職場

介護職員は、通所介護（デイサービス）、認知症対応型共同生活介護（グループホーム）、介護老人福祉施設（特別養護老人ホーム）などに配置されています。

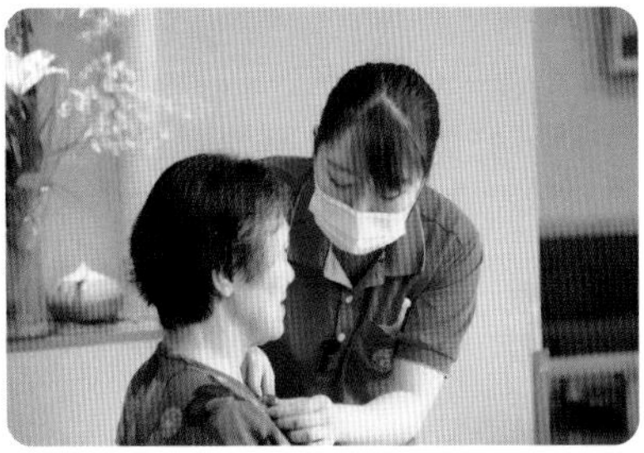

仕事の内容

介護職員は、主に利用者の日常生活の介護を行います。心身が不自由であっても、その人らしい、生きがいをもった生活を送ることができるようサポートします。排せつ、入浴、食事などの介護のほか、行事やクラブ活動といった生きがい活動への援助もあります。

高齢者福祉施設・事業所における日常業務の中心的役割を担うだけに、介護技術、ニーズの的確な把握、調整、援助計画の作成やその評価など、実務面での能力が要求されます。介護の専門職としての技術や知識と変化を見通せる感性、さまざまな局面に対応できる柔軟性も求められます。

ある1日を振り返ると 特別養護老人ホームの場合

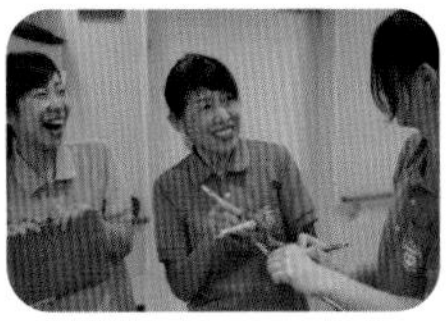

介護職員の仕事は、24時間を通して利用者の生活を支えるため、勤務は交替制となります。起床から就寝まで、生活リズムに沿ってさまざまな介助や生活支援を行うほか、利用者が快適に過ごせるよう清掃や整理なども行います。そのほか、介護記録の作成、実習生やボランティアの指導なども行います。

日勤

8:45	9:00	9:15	11:00	11:50	12:30	13:30	15:30	16:00	16:30	17:00	17:30
出勤	朝礼 申し送り	入浴介助 シーツ交換 清掃	排せつ介助	昼食準備 食事介助	休憩	クラブ活動 リハビリ	各担当者との ケース会議	排せつ介助	生活記録 の記入	申し送り 夕食準備	退勤

夜勤

22:30	23:00	0:00	2:00	3:00	4:00	5:00	6:00	7:00	7:30
出勤 申し送り	巡視・ 就寝の確認	排せつ介助	巡視・ 就寝の確認	排せつ介助	休憩	巡視・ 就寝の確認	起床・ 排せつ介助 洗面介助	申し送り	退勤

介護職員の資格要件

介護職員として働くための資格要件はありませんが、「介護福祉士」や「実務者研修（旧介護職員基礎研修、旧ホームヘルパー養成研修１級）修了」、「介護職員初任者研修（旧ホームヘルパー養成研修２級）修了」など、介護についての基本的な知識や技術のある人材を希望する求人が多くなっています。

介護職員初任者研修、介護福祉士については40、44ページを参照してください。

なお、介護職員が利用者に対し経管栄養・喀痰吸引を行う場合には、一定の研修を受講する必要があります。東京の場合は、現任者むけに、施設長推薦による無料の研修があります。一方、民間事業者による有料の研修もあります。

訪問介護員（ホームヘルパー）

訪問介護員のいる職場

訪問介護員は訪問介護等の訪問系の事業所で働きます。

一般に、「ホームヘルパー」という場合は訪問系の事業所で介護をする職種です。「介護職員」という場合は特別養護老人ホーム等の施設での介護職を指します。

仕事の内容

家事や介護面での援助を受けることで、在宅での生活が可能な人（主に高齢者や障害者）の自宅を訪問し、生活援助や身体介護のサービスを行います。生活援助では、食事づくり・洗濯・掃除・買い物等必要な家事を行い、身体介護では食事・入浴・排せつ介助等の介護を中心に行います。

また、家庭に数時間滞在してサービスを提供する形態や複数の家庭を巡回して短時間で必要なサービスを行う形態などがあり、利用者のニーズにあわせて多様な形態のサービスが行われています。

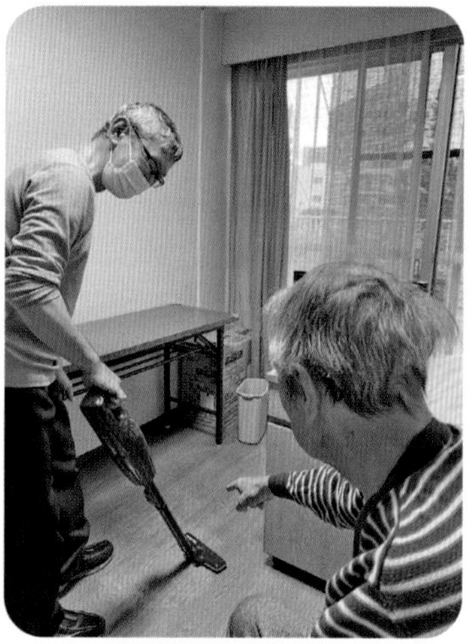

ホームヘルパーの資格要件

「介護福祉士」または、「実務者研修（旧介護職員基礎研修、旧ホームヘルパー養成研修１級）」、「介護職員初任者研修（旧ホームヘルパー養成研修２級）」を修了していることが必要です。

生活相談員

生活相談員のいる職場

生活相談員は、通所介護（デイサービス）、認知症対応型共同生活介護（グループホーム）、介護老人福祉施設（特別養護老人ホーム）などに配置があります。

仕事の内容

生活相談員は、高齢者福祉施設・事業所において、高齢者一人ひとりが、住み慣れた地域や施設で安心して生活できるよう、その方を取り巻く環境の調整を行います。利用者や家族からの相談の対応はもちろんのこと、事業計画の立案や個々の利用者の援助計画の作成などの役割があります。また、施設・事業所内のさまざまな職種間の調整、福祉事務所や病院等の関係機関との連絡調整も大切な仕事です。

その他にも、地域の社会資源の調整やケアマネジメント業務の実践など、コミュニティケアの推進役としても期待されています。

ある１日を振り返ると　特別養護老人ホームの場合

生活相談員は一施設で１～２名と少人数ですが、実に多忙な毎日です。

朝の申し送りで、各担当者から利用者の変化や介助内容の報告を受け、当日の計画の連絡調整をすることからはじまります。施設内外から寄せられる相談に対応し、家族への連絡や関係機関との連絡調整も行います。入所者の預り金等管理、会議の運営など多様な業務をこなします。

また、新規入所者受入にあたっては、家庭との調整を行います。

生活相談員の資格要件

生活相談員の資格要件は法令で定める「社会福祉主事任用資格」「社会福祉士」等の他は、都道府県で異なります。東京都の場合は介護支援専門員、１年以上の実務経験を有する介護福祉士も含まれます。

社会福祉主事任用資格、社会福祉士については48、50ページを参照してください。

介護支援専門員（ケアマネジャー）

介護支援専門員のいる職場

介護支援専門員の職場は、居宅介護支援事業所が主ですが、介護老人福祉施設等の入所施設にも配置があります。

仕事の内容

居宅介護支援事業所では、在宅の高齢者等を対象に住み慣れた自宅等で自立した生活を支援するためのケアプラン作成やサービスのコーディネートなどを行います。

一方、施設内の職員として配置されている場合は、利用者の施設サービス計画（ケアプラン）を作成します。

ある1日を振り返ると　居宅介護支援事業所の場合

介護支援専門員の仕事として、毎月各利用者宅を訪問し、生活状況を観察し新たな困りごとがないか確認します。日常会話で終始することもありますが、それも重要です。そうした話を通じて、生き方や考え方などが分かり、ケアプラン作りのヒントになることもあるからです。

訪問した分だけ書類作成等の仕事量が増えますが、利用者の喜ぶ顔を見るとやりがいを感じます。移動はほとんど自転車です。

介護支援専門員の資格要件

介護支援専門員として働くためには、「介護支援専門員」の資格を取得する必要があります。資格を取得するには、一定の資格や介護・相談援助業務等の実務経験が5年以上などの要件を満たした上で、都道府県の実施する試験に合格し、実務研修を受講することが必要です。詳しくは46ページを参照してください。

サービス提供責任者

サービス提供責任者のいる職場

サービス提供責任者は訪問介護事業所で働きます。基本的に常勤です。なお、管理者と兼務することができます。

仕事の内容

サービス提供責任者は、おおむね次のような業務を行っています。

①介護支援専門員（ケアマネジャー）が作成した居宅サービス計画（ケアプラン）に基づき、訪問介護の目標やその目標を達成するための具体的なサービス内容等を記載した訪問介護計画を作成します。

②作成した訪問介護計画書の内容を利用者やその家族に説明、利用者の同意を得ます。

③訪問介護サービス開始以降も、利用者の状態の変化や希望を定期的に確認（モニタリング）し、必要により訪問介護計画の変更を行います。

④訪問介護計画書に基づき、訪問介護員（以下、ホームヘルパー）に具体的な介護サービスの指示を行います。そのためには、ホームヘルパーの能力や希望に応じた業務管理、スケジュール調整、利用者とホームヘルパーとの相性をふまえたマッチングを行います。ホームヘルパーの育成・指導も重要な業務となっています。

⑤ホームヘルパーから利用者の情報を収集し、利用者の状況を把握します。

⑥訪問介護サービスの申し込み受付、利用者からの相談受付などの庶務的な業務を行います。

⑦新任ホームヘルパーへの同行や急にシフトに入れなくなったホームヘルパーの代役を務めます。

⑧ほとんどの事業所がサービス提供責任者自身もホームヘルパー業務を並行して行っているのが現状です。

サービス提供責任者の資格要件

「介護福祉士」「実務者研修（旧介護職員基礎研修、旧ホームヘルパー養成研修１級）修了」等とされています。

なお、障害福祉サービスにおける居宅介護関係の事業にもサービス提供責任者の配置がありますが、資格要件が多少異なりますのでご注意ください。（21ページ）

2 障害者福祉に関わる職場と仕事

(1) 主な障害者むけサービスと職種一覧

サービス	主な事業（東京での事業所数）	主な職種	
サービス利用に関する相談をする	1 計画相談支援（973） 2 地域移行支援（222） 3 地域定着支援（195）	·相談支援専門員（P19）	・管理者
居宅で支援する外出支援をする	4 居宅介護（2722） 5 重度訪問介護（2413） 6 同行援護（811） 7 行動援護（240） 8 重度障害者等包括支援（1）	・従業者（ヘルパー）（P17） ・管理者	・サービス提供責任者（P21）
入所で支援する	9 短期入所（341）	・生活支援員（P16）	・管理者
	10 療養介護（13）	・生活支援員 ・管理者	・サービス管理責任者（P22）
	11 生活介護（624）	・生活支援員 ・管理者	・サービス管理責任者 ・看護職員/OT/PT
	12 施設入所支援（98）	・生活支援員	・サービス管理責任者
	13 共同生活援助（1004）	・世話人（P18） ・生活支援員	・サービス管理責任者 ・管理者
訓練等を支援する	14 自立訓練（機能訓練）（29）	・生活支援員 ・サービス管理責任者	・看護職員/OT/PT ・管理者
	15 自立訓練（生活訓練）（116） 16 宿泊型自立訓練（14）	・生活支援員 ・サービス管理責任者	・地域移行支援員 ・管理者
	17 就労移行支援（一般型）（351） 18 就労移行支援（養成施設型）（0）	・職業指導員（P20） ・生活支援員 ・サービス管理責任者	・就労支援員（P20） ・管理者
	19 就労継続支援A型（雇用型）（95） 20 就労継続支援B型（非雇用型）（926）	・職業指導員/生活支援員 ・管理者	・サービス管理責任者
	21 就労定着支援（261）	・就労定着支援員	・サービス管理責任者
	22 自立生活援助（76）	・地域生活支援員 ・管理者	・サービス管理責任者
区市町村での独自のサービス	23 移動支援	・従業者	
	24 地域活動支援センター	・指導員	

⑵　主な障害者むけサービス

サービス利用に関する相談をする

1　計画相談支援

サービス等利用計画案を作成し、支給決定後に、サービス事業者等との連絡調整等を行い、サービス等利用計画を作成します。また、支給決定されたサービス等のモニタリング（利用状況の検証）を行い、サービス事業者等との連絡調整を行います。「特定相談支援事業所」で行っています。

2　地域移行支援

障害者支援施設や病院等に入所又は入院している障害者を対象に、住居の確保その他の地域生活へ移行するための支援を行います。

3　地域定着支援

居宅において単身で生活している障害者等を対象に、常時の連絡体制を確保し、緊急時には必要な支援を行います。

居宅で支援する／外出支援をする

4　居宅介護

在宅の障害者（児）に、入浴・排せつ・食事等の介護・調理・洗濯・掃除等の家事、生活等に関する相談・助言、その他の生活全般にわたる支援を行います。

5　重度訪問介護

重度の肢体不自由者・重度の知的障害・精神障害により行動上著しい困難を有する障害者で、常時介護が必要な方に、居宅において、入浴・排せつ・食事等の介護・調理・洗濯・掃除等の家事、入院中の付添い（入院前から利用している場合に限る）、生活等に関する相談、助言その他の生活全般にわたる支援・外出時における移動中の介護を総合的に行います。

6　同行援護

視覚障害者（児）を対象に、外出時に同行し、移動に必要な情報・移動の援護・排せつ・食事等の介護・その他外出する際に必要な支援を行います。

7　行動援護

知的障害者（児）と精神障害者（児）を対象に、行動する際に生じ得る危険を回避するために必要な援護・外出時における移動中の介護・排せつ・食事等の介護・その他行動する際に必要な支援を行います。

8　重度障害者等包括支援

重度の障害者（児）等に、居宅介護・重度訪問介護・同行援護・行動援護・生活介護・短期入所・自立訓練・就労移行支援・就労継続支援・共同生活援助を包括的に提供します。

入所で支援する

9　短期入所

障害者支援施設、児童福祉施設等に短期間入所した障害者（児）に、入浴・排せつ・食事・その他の必要な支援を行います。

10　療養介護

病院において医療的ケアを必要とする障害者に、主に昼間において病院で行われる機能訓練、療養上の管理、看護、医学的管理の下における介護及び日常生活上の世話を行います。

11　生活介護

障害者支援施設等において、常時介護を必要とする障害者に、主として昼間において、入浴、排せつ及び食事等の介助や、日常生活上の支援、生産活動の機会等の提供・その他の身体機能・生活能力の向上のために必要な支援を行います。

12　施設入所支援

施設に入所している障害者に、主に夜間において、入浴、排せつ、食事等の介護、生活等に関する相談・助言のほか、必要な日常生活上の支援を行います。

日中は、生活介護などの活動とあわせて、こうした夜間等におけるサービスを提供することで、障害のある方の日常生活を一体的に支援します。

なお、障害者支援施設とは、施設に入所する障害者に対し、入浴や排せつ、食事などの介護、また、生活などに関する相談や助言、その他の必要な日常生活上の支援（施設入所支援、生活介護、自立訓練、就労移行支援など）を行う施設です。

13　共同生活援助（グループホーム）

障害者に、主として夜間において、共同生活を営む住居において相談、入浴、排せつ、食事の介護その他の日常生活上の支援、及び就労先または日中活動サービス等と余暇活動等社会生活上の支援を行います。併せて、一人暮らし等居宅における自立した日常生活への移行を希望する入居者につき、当該日常生活への移行及び移行後の定着に関する相談も行います。介護サービス包括型と日中サービス支援型、外部サービス利用型があります。

訓練等を支援する

14　自立訓練（機能訓練）

身体障害者（児）に、障害者支援施設やサービス事業所・居宅で、理学療法・作業療法・その他必要なリハビリテーション・生活等に関する相談・助言その他の必要な支援を行います。

15　自立訓練（生活訓練）

知的障害・精神障害者（児）に、障害者支援施設やサービス事業所・居宅で、入浴・排せつ・食事等に関する自立した日常生活を営むために必要な訓練、生活等に関する相談・助言・その他の必要な支援を行います。

16　宿泊型自立訓練

知的障害・精神障害者に、居室その他の設備で、家事等の日常生活能力を向上させるための支援・生活等に関する相談・助言・その他の必要な支援を行います。

17　就労移行支援（一般型）

就労を希望する65歳未満で、通常の事業所に雇用されることが可能と見込まれる障害者に、①生産活動・職場体験・その他の活動の機会の提供、②その他の就労に必要な知識・能力の向上のために必要な訓練、③求職活動に関する支援、④その適性に応じた職場の開拓、⑤就職後における職場への定着のために必要な相談などを行います。

18　就労移行支援（養成施設型）

あん摩マッサージ師、はり師、きゅう師の学校（養成施設）として認定されている就労移行支援事業です。東京には認定の事業所はありません。

19　就労継続支援A型（雇用型）

障害により企業等に就労することが困難でも、雇用契約に基づき、継続的に就労することが可能な65歳未満の者に、①生産活動その他の活動の機会の提供、②その他の就労に必要な知識・能力の向上のために必要な訓練などを行います。

20　就労継続支援B型（非雇用型）

年齢、心身の状態、その他の事情により、通常の事業所に雇用されることが困難となった者、就労移行支援の結果、通常の事業所に雇用されるに至らなかった者等に、①生産活動その他の活動の機会の提供、②その他の就労に必要な知識・能力の向上のために必要な訓練などを行います。

21　就労定着支援

一般就労に移行した利用者の企業、自宅等への訪問、あるいは利用者からの来所により、生活リズムや家計、体調管理などに関する課題解決にむけて、必要な助言や連絡調整を行います。利用期間は３年です。

22　自立生活援助

定期的に利用者宅を訪問し、生活や健康のこと、生活していく上での様々な手続きなどについて確認を行い、必要な助言や医療機関との連絡調整を行います。利用期間は１年です。

区市町村での独自のサービス

23　移動支援

一人では外出が困難な障害者（児）が外出や余暇活動の際に、ガイドヘルパーを派遣して外出時の移動や介助、外出に伴って必要となる身の回りの介護を行います。

国の制度である同行援護や行動援護と異なり区市町村が独自に対象やサービスを決めています。

24　地域活動支援センター

共通の事業として創作的活動、生産活動の機会の提供のほか、Ⅰ型は相談支援事業等、Ⅱ型は機能訓練、入浴サービス等、Ⅲ型は授産活動を行っています。類型により活動に大きな違いがあります。

(3) 主な障害者むけサービスの職種

生活支援員

生活支援員のいる職場

生活支援員の配置のあるのは、相談系や訪問（居宅）系を除く従業者（ヘルパー）の配置のない事業です。具体的には、施設でサービスを提供する事業や訓練を行う事業です。

１人以上は常勤です（「共同生活援助」を除く）。

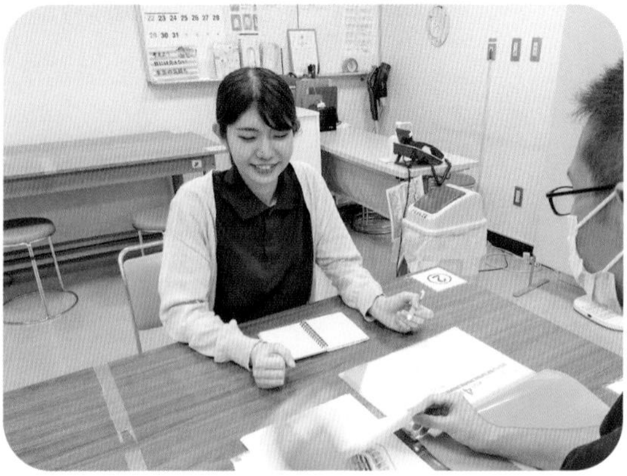

仕事の内容

生活支援員は従業者の配置のない事業に置かれていますので、利用者の衣服の着脱や食事、入浴等の身体介助が中心になります。

そのほかに、創作・生産活動、レクリエーション、個別支援計画の作成など多岐にわたります。

具体的には、事業の種類により異なりますが、①農耕・園芸や陶芸、木工、紙工、織物、各種下請け作業等の生産活動の指導、②一般企業への就職を目指した訓練や実習等の就労支援、③事業所での人間関係や不満、将来の不安、家族の相談にのるなどの相談支援があります。

また、本人や家族、関係職種などから必要な情報を収集し、個別に課題やニーズを分析・整理して関係者間での共有化を図り、サービスを提供したり、入退所やボランティア、実習生の受け入れについて関係機関との連絡・調整を行っています。

日勤①(生活介護)

8:30	8:50	9:30	10:00	10:50	11:00	11:30	11:45	13:00	13:30	14:20	14:50	15:00	15:15	15:45	16:00	17:15
出勤 ミーティング	利用者受入れ 更衣･排せつ等 介助	朝の会	ウォーキング	水分補給	作業	片付け 昼食準備	昼食･ 休憩	個別活動 (ビデオ鑑賞、 読書、体操等)	片付け 更衣･排せつ等 介助	帰りの 会	利用者 帰宅	振り返り	休憩	職員 ミーティング	記録作成 事務仕事	退勤

日勤②(就労継続支援B型)

8:30	9:00	9:10	10:30	10:45	12:15	13:00	15:30	15:50	16:00	16:15	16:30	17:15
出勤 ミーティング 利用者受入れ	朝礼	作業	休憩	作業	昼食･ 休憩	作業 グループワーク	掃除	終礼	利用者帰宅	片付け 振り返り	記録作成 事務仕事	退勤

夜勤（グループホーム等）

17:00		17:30	19:00	20:00	21:50	24:00	6:00	7:30	8:30	9:00	9:30
出勤	洗濯	夕食･ 食事介助	片づけ	就寝の準備	生活記録 の記入	休憩 仮眠(宿直)	利用者の 起床介助	朝食	朝の運動	朝礼	退勤

生活支援員の資格要件

とくに法令で定めがないため、資格不問の求人があります。また、社会福祉主事任用資格や社会福祉士、精神保健福祉士、介護福祉士、介護職員初任者研修修了、自動車免許があり運転経験のある人を求めている求人もあります。

その他、各種作業を行う事業所ではその作業内容に精通した知識・技能を求められることがあります。

従業者（ヘルパー）

従業者のいる職場

従業者の配置があるのは、訪問（居宅）系の事業（居宅介護・重度訪問介護・同行援護・行動援護・重度障害者等包括支援・移動支援）です。

仕事の内容

居宅介護の従業者は、心身に障害のある人の自宅を訪問し、生活援助や身体介護のサービスを行います。食事作りや洗濯・掃除・買い物等を行うほか、食事・入浴・排せつの介助や生活全般に関わる相談・支援を行います。

移動支援の従業者は、外出の際に必要な様々な支援を行います。支援の内容は、食事・排せつなどの身体介護や、情報の整理や伝達などのコミュニケーション支援、危険を予測・回避することが困難な場合はその安全確保、文化活動・余暇活動の付添など、幅広いものとなっています。

障害のために一人で外出することが難しくても、従業者とともに出かけることで、障害者本人の自己選択や自己決定の機会が増え、自立や社会参加が進むとともに、地域における障害者への理解が深まることも期待されます。

ある1日を振り返ると

移動支援従業者の場合

移動支援従業者は利用者の状況や予定にあわせて支援を行います。また、支援の内容もそれぞれの利用者によって異なります。実際にどんな仕事をしているのかについて、ひとつの例を紹介します。

知的障害のあるAさんとの外出（移動支援）

Aさんは重度の知的障害を伴う自閉症の男の子。

今日はAさんの好きな電車に乗って動物園へ。今まで出来なかった切符の買い方、今日は1人で買えるか挑戦です。お金の価値はまだ分からないけど、何度も教えるうちに「改札を通る前に、切符を買う」ことが理解できるようになりました。

電車でのAさんは人一倍楽しそう。動物園でも、興味のあるもの、ないものがハッキリ分かります。Aさんが何に興味を持つのか、見守り発見することも大切なヘルパーの仕事。「今日はこんな事をしましたよ。」そう伝えると、お母さんが驚くことも少なくありません。

親御さんがいない場で社会のルールを教えること。親御さんの知らなかった一面を発見すること。親御さんの心境を理解しながら、Aさんの将来を考え目標を持って支援していくこと。そして自分自身も楽しむこと。

これらを通して、Aさんの成長・変化を見守っていきたいと思います。

従業者の資格要件

居宅介護等の訪問系の従業者になるための代表的な資格要件は、「介護福祉士」「実務者研修（旧介護職員基礎研修、旧ホームヘルパー養成研修１級）修了」、「介護職員初任者研修（旧ホームヘルパー養成研修２級）修了」、「居宅介護初任者研修修了」です。無資格者は基本的に応募できません。

特に、資格要件に係る養成研修は制度の変更が頻繁で、旧制度の養成研修は多岐に渡り、かつ経過措置も複雑です。詳細は、検索サイトで**「東京都障害者サービス情報」**を検索し、**「書式ライブラリー」**で資格要件をご確認ください。具体的には21ページを参照してください。

また、「介護職員初任者研修」「居宅介護初任者研修」等の養成研修の開催日程は、検索サイトで**「東京都福祉局」**を検索し、**「福祉の基盤づくり」**からご確認ください。

障害者居宅介護従業者に関する養成研修の概要は、41ページを参照してください。

世話人

世話人のいる職場

世話人が配置されている事業は、「共同生活援助」（グループホーム）です。

利用者数により常勤換算で、配置数が定められています。

仕事の内容

共同生活援助には、世話人のほかに、「生活支援員」「サービス管理責任者」がいます。共同生活援助は配置職員数が少ないため、事業所によってそれぞれの職種で業務分担に多少の違いはありますが、おおむね、次のような業務を行っています。

①献立作成、食材購入、調理、配膳、片付け等の食事提供

②日々の利用者の健康状態の観察

③必要に応じて通院の付添や服薬の見守り

④ホームの清掃や備品の購入

⑤利用者を代行して金融機関に出向いて入出金や支払い

⑥仕事の悩みや生活相談

⑦日誌の記録、など多岐に渡っています。

特に調理、洗濯等の家事は利用者の自立支援の観点から利用者と一緒に行うことが求められています。

一方、共同生活援助における生活支援員は、実態として、食事・入浴・排せつ介助等、主に身体介護に近い業務を担っている場合が多くあります。

世話人、生活支援員の業務は利用者の生活サイクルに応じて、日中活動から帰宅して翌朝外出するまでの時間が主な業務時間となります。

なお、共同生活援助におけるサービス管理責任者は、共同生活援助計画の作成、サービスの受給状況の把握、地域生活への移行に向けた支援、日中活動事業者等との連絡調整を担っています。

日勤

14:00	14:30	15:00	18:00	19:00	20:00	20:45	21:00
出勤ミーティング	受け入れ準備	受け入れ・入浴介助	夕食・食事介助	入浴介助	掃除・洗濯物片付け	記録の入力・夜勤者との引継	退勤

夜勤

14:00	14:30	15:00	18:00	19:00	20:00	22:00	6:00	8:00	9:00	9:30	10:00
出勤ミーティング	受け入れ準備	受け入れ・入浴介助	夕食・食事介助	夕食片付け・朝食準備	就寝対応・洗濯物片付け	記録の入力・巡回 仮眠（宿直）	起床介助・朝食介助	利用者の身支度・連絡帳の記入	利用者の送り出し	記録の入力・洗濯物片付け	退勤

世話人の資格要件

世話人の要件は「障害者の福祉の増進に熱意があり、障害者の日常生活を適切に支援する能力を有する者」と定められているほかは、具体的な資格名の要件はありません。

世話人は、利用者が自立に向けて穏やかな生活ができるよう援助することが役割ですので、利用者への温かなまなざしと自身が生活を楽しむ態度が求められるといえます。

相談支援専門員

相談支援専門員のいる職場

相談支援専門員は、「計画相談支援」「地域相談支援（地域移行支援・地域定着支援）」「障害児相談支援」に配置があります。具体的には、①成人の障害者むけの相談事業である「計画相談支援」と「基本相談支援」を行う「特定相談支援事業所」、②「地域相談支援」と「基本相談支援」を行う「一般相談支援事業所」、③障害児むけの「障害児相談支援事業所」に勤務しています。

それぞれの事業では専従配置ですが、業務に支障のない範囲で他の職務と兼務可です。

仕事の内容

「基本相談支援」は、障害者福祉に関する様々な問題について、障害者本人や家族からの相談にのり、必要な情報提供や障害福祉サービスの利用支援等を行います。

「計画相談支援」は、サービス等利用計画の作成と作成後のモニタリング（利用状況の検証）を行います。

「地域相談支援」には、「地域移行支援」と「地域定着支援」があります。地域移行支援は、施設から退所し地域で生活するための地域移行支援計画の作成とそれに関わる相談支援を行います。地域定着支援は、単身で地域で生活している障害者との連絡や緊急時の対応を行います。

「障害児相談支援」は、障害児のための通所サービスの利用に関わるサービス計画の作成やモニタリングを行います。

相談支援専門員の資格要件

相談支援事業では、障害特性や障害者の生活実態に関する知識や経験が必要なことから、相談支援専門員という有資格者を置かなければなりません。相談支援専門員になるには、国が指定した３～10年の実務経験と７日間程度の研修を受ける必要があります。その後も定期的に研修が義務付けられています。

なお、これらの研修はいずれも勤務している障害福祉サービスの指定事業所からの推薦で受講しますので、「介護職員初任者研修」のように就職準備のために受講できるものではありません。

指定された業務における一定の実務経験（３～10年） ＋ 相談支援従事者初任者研修を修了 ➡ 相談支援従事者現任研修を修了（５年に１回以上の受講）

○実務経験や研修等、東京都における実施の詳細は、検索サイトで**「東京都障害者サービス情報」**を検索し、**「書式ライブラリー」**→**「A【一般相談支援】指定申請書・変更届等」**→**「４相談支援専門員の実務経験」**をご参照ください。

就労支援員・職業指導員

就労支援員・職業指導員のいる職場

就労支援員は、「就労移行支援」事業所に配置があります。１人以上は常勤です。

職業指導員は「就労移行支援」「就労継続支援」事業所のほか、職業訓練を行っている「児童養護施設」「福祉型障害児入所支援施設」「児童自立支援施設」にも配置されます。「就労移行支援」「就労継続支援」事業所では１人以上は常勤です。

仕事の内容

就労支援員の業務の内容はおおむね、次のとおりです。

①職業実習先の開拓とあっせん

②実習時に職員が随行しない場合は、１週間ごとに就労移行支援計画の内容の確認と必要により見直し

③ハローワーク等との連絡調整

④求職の登録、合同就職面接会、企業面接への参加など、求職活動の支援

⑤就職後６か月以上は職業生活の相談等、職場定着のために職場訪問や家庭訪問などの支援

職業指導員は利用者の意向や適性に合わせて、パソコン、印刷、製品づくりや農園芸などの技術を指導、援助するなど、職業上の技術を習得させる訓練、指導を行います。

日勤

8:45	9:00	9:30	10:30	12:00	12:50	15:00	16:00	16:30	16:45	17:20
出勤	朝礼、報告、連絡事項の確認	公園清掃、工場内清掃	面接練習　企業連絡 印刷業務	休憩	企業面接　企業見学 定着支援　印刷業務	PC プログラム	定着支援の面談、電話での支援	翌日打ち合わせ	記録 企業 連絡	退勤

※就労支援員の１日

就労支援員・職業指導員の資格要件

どちらも特にありません。ただし「就労支援員」については、国の通知で、障害者の就労支援の経験が望ましいとされています。「職業指導員」についても技術指導ができる一定の経験や技能が求められます。

トピックス　ジョブコーチとは

いわゆるジョブコーチは職場適応援助者とも呼ばれ、障害者が雇用されている企業等に定着できるよう、障害者本人と企業の双方を職場で直接支援する専門職です。

以下、国の制度のジョブコーチについてご紹介します。

このジョブコーチとして活動するためには、「職場適応援助者養成研修」（〔独法〕高齢・障害・求職者雇用支援機構が実施する研修）、または民間の研修機関等が実施する厚生労働大臣が定める研修を修了する必要があります。

この制度におけるジョブコーチには、地域障害者職業センターの「配置型ジョブコーチ」、障害者の就労支援を行う社会福祉法人等に雇用される「訪問型ジョブコーチ」、障害者雇用を行う企業が自ら配置する「企業在籍型ジョブコーチ」の３種類があります。

サービス提供責任者

サービス提供責任者のいる職場

障害者総合支援法における障害福祉サービスで、サービス提供責任者の配置があるのは、訪問（居宅）系の事業（居宅介護・行動援護・重度訪問介護・同行援護・重度障害者等包括支援）です。

配置は事業規模に応じて１人以上。ただし、管理者との兼務及び常勤換算することができます。

仕事の内容

居宅介護を例にサービス提供責任者の業務をあげるとおおむね以下のようになります。

①利用者の日常生活全般の状況、希望等を踏まえて、具体的なサービス内容を記した居宅介護計画を作成します。
②作成した居宅介護計画を利用者とその同居家族に説明し交付します。
③居宅介護計画の実施状況を把握します。
④必要により居宅介護計画を変更（修正）します。
⑤居宅介護の利用申し込みに係る調整を行います。
⑥従業者（ヘルパー）への技術指導等サービス内容の管理を行います。

その他、高齢分野のサービス提供責任者の業務（11ページ）を参照してください。対象分野は違いますが、業務はほぼ同じです。

サービス提供責任者の資格要件

「居宅介護」「行動援護」「重度訪問介護」「同行援護」におけるサービス提供責任者の資格要件は、これからめざす人は、介護福祉士、または実務者研修（旧介護職員基礎研修、旧ホームヘルパー養成研修１級）修了が中心となります。

そのほかに、旧各種養成研修修了や実務経験等、様々な経過措置があります。最新の情報は検索サイトで**「東京都障害者サービス情報」**を検索し、**「書式ライブラリー」→「A【訪問系サービス】指定申請書・変更届等（居宅介護・重度訪問介護・同行援護・行動援護・重度包括）」→「３主要職種の資格要件（サービス提供責任者・従業者）」→「従業者の資格要件一覧（サービス提供責任者・居宅介護員等）」**でご確認ください。

また、「重度障害者等包括支援」におけるサービス提供責任者の要件は、相談支援専門員の資格とともに３年以上の実務経験が必要です。

なお、介護保険制度におけるサービス提供責任者の要件とも違いがありますのでご注意ください。

サービス管理責任者

サービス管理責任者のいる職場

サービス管理責任者は、「療養介護」「生活介護」「施設入所支援」「共同生活援助」「自立訓練」「就労移行支援」「就労継続支援」に配置されています。１人以上は常勤です。

なお、居宅介護等の訪問系の事業に配置され、同様の業務を行っているのが、サービス提供責任者です。

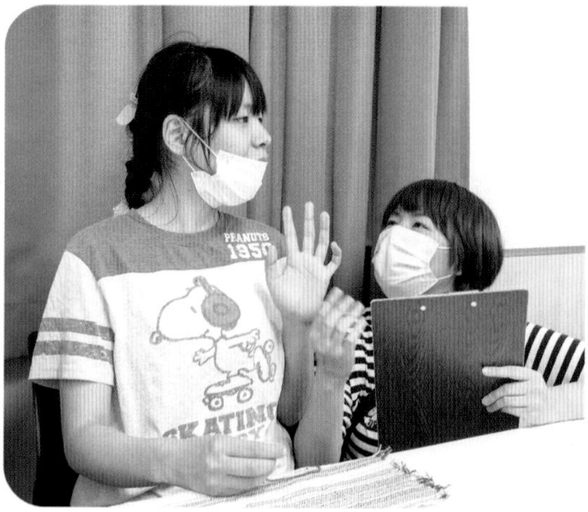

仕事の内容

サービス管理責任者はおおむね次のような業務を行っています。

①相談支援専門員が作成する「サービス等利用計画」に基づき、利用者の能力や環境、生活全般の状況を評価し生活課題を面接にて把握（アセスメント）し、支援内容を検討します。

②アセスメントと支援内容の検討をもとに、個別支援計画の原案を作成します。

③個別支援計画作成のためにサービスに係る担当者を集め支援会議を開催し、個別支援計画の原案についての意見を求めます。

④個別支援計画の原案について、利用者とその家族に説明し、同意を得て、個別支援計画を交付します。

⑤個別支援計画の実施状況の把握（モニタリング）を行い、最低6か月に１回以上は、個別支援計画の見直しを行い、必要により変更します。モニタリングでは定期的に利用者との面接とモニタリングの結果を記録します。

⑥自立した日常生活が可能と認められる利用者に対して地域での自立生活にむけた援助を行います。

⑦事業所内の生活支援員等の職員に対して、技術的な指導と助言を行います。

サービス管理責任者の資格要件

サービス管理責任者になるには、国が指定した障害者（児）の保健、医療、福祉、就労、教育分野における相談支援業務、直接支援業務（介護、就業支援、職業教育）での３～８年の実務経験と合計５日間程度の研修[※1]受講が必要です。

実務経験の要件は、検索サイトで次の手順で検索してください。**「東京都障害者サービス情報→書式ライブラリー→A【日中系サービス・障害者支援施設】指定申請書・変更届等→「04サービス管理責任者の資格要件について」**

研修の詳細は**「サービス管理責任者研修　東京都」**とキーワード検索してください。なお、これらの研修はいずれも勤務している障害福祉サービスの指定事業所からの推薦で受講します。

指定された実務経験（1～6年）	＋	相談支援従事者初任者研修の一部＋サービス管理責任者等[※2]基礎研修	＋	２年以上のOJT	＋	サービス管理責任者等実践研修	→	サービス管理責任者等更新研修（５年毎）

※1　研修受講には、実務経験要件から２年引いた年数（最低１年以上）を満たしている必要があります。

※2　「等」は児童発達支援管理責任者を含んでいます。2019（令和元）年度より、児童発達支援管理責任者研修と研修カリキュラムが統一されました。

3 子供と女性の福祉に関わる職場と仕事

(1) 主な子供・女性むけサービスと職種一覧

サービス	主な事業（東京での事業所数）	主な職種	
相談する	1 子供家庭支援センター（62）	・相談員	・心理療法担当職員
	2 障害児相談支援（621）	・相談支援専門員（P19）	・管理者
通所で支援する	3 認可保育所（3553） 4 認証保育所（435） 5 認可外保育施設（997）	・保育士（P27）	
	6 認定こども園（185）	・保育教諭（P58）	
	7 地域型保育事業	・保育士	・家庭的保育者
	8 学童クラブ（1930）	・放課後児童支援員	
入所で支援する	9 乳児院（11）	・看護師/保育士/児童指導員 ・家庭支援専門相談員（P29）	・心理療法担当職員 ・個別対応職員（P29）
	10 母子生活支援施設（33）	・母子支援員（P30） ・心理療法担当職員	・少年指導員（P30） ・個別対応職員
	11 児童養護施設（58）	・児童指導員（P28） ・家庭支援専門相談員 ・栄養士/調理師/看護師	・保育士 ・個別対応職員 ・心理療法担当職員
	12 自立援助ホーム（20）	・指導員	・管理者
障害児を通所・居宅で支援する	13 児童発達支援（737）	・指導員/保育士 ・児童発達支援管理責任者（P32）	・機能訓練担当職員 ・管理者
	14 医療型児童発達支援（1）	・児童指導員 ・児童発達支援管理責任者 ・機能訓練担当職員	・保育士 ・看護職員/OT/PT ・管理者
	15 放課後等デイサービス（1170）	・指導員/保育士 ・児童発達支援管理責任者	・機能訓練担当職員 ・管理者
	16 保育所等訪問支援（109）	・訪問支援員 ・児童発達支援管理責任者	・管理者
	17 居宅訪問型児童発達支援（18）	・訪問支援員 ・児童発達支援管理責任者	
障害児を入所で支援する	18 福祉型障害児入所支援（8）	・看護師 ・児童発達支援管理責任者	・児童指導員/保育士 ・栄養士/調理員
	19 医療型障害児入所支援（12）	・児童指導員/保育士 ・児童発達支援管理責任者	・心理指導担当職員 ・OT/PT
女性を保護する	20 婦人保護施設（5）	・指導員	・調理員

⑵ 主な子供・女性むけサービス

相談する

1　子供家庭支援センター

東京都独自の事業で、区市町村が、子供や子育て家庭のあらゆる相談に応じるほか、ショートステイや一時預かりなど在宅サービスの提供やケース援助、サークル支援やボランティア育成等を行っています。

2　障害児相談支援

障害児が通所サービスを利用したいときの相談窓口です。障害児支援利用計画の作成とサービスの見直しを担います。なお本事業とは別に入所施設の利用相談は児童相談所です。

通所で支援する

3　認可保育所

日々保護者の委託を受けて、保護者の労働又は疾病その他の理由により、保育を必要とする乳児・幼児を保育します。児童福祉法及び子ども・子育て支援法による施設です。

4　認証保育所

東京都独自の基準により認証した保育所で、原則13時間以上開所し、０歳から利用できます。Ａ型は月120時間以上の利用が必要な５歳までの児童を対象とします。Ｂ型は０歳から２歳までの児童を対象に小規模で家庭的な保育を行います。

5　認可外保育施設

認可外保育施設とは、認可保育所、認定こども園および地域型保育事業（家庭的保育、小規模保育、事業所内保育、居宅訪問型保育）以外の保育を行うことを目的とする施設（保育者の自宅で行うもの、少人数のものを含む）の総称です。また、幼稚園以外で幼児教育を目的とする施設において、概ね1日4時間以上、週5日、年間39週以上施設で親と離れることを常態としている場合も、認可外保育施設に含まれます。

6　認定こども園

幼稚園、保育所等のうち、①就学前の子供を保護者の就労の有無にかかわらず受け入れ、幼児教育・保育を一体的に提供し、②地域における子育て支援を行う機能を備え、都の認可・認定を受けた施設です。幼保連携型、幼稚園型、保育所型、地方裁量型があります。

7　地域型保育事業

2015（平成27）年に施行された「子ども・子育て支援法」によって新設された事業です。様々な保育ニーズに応え、新たな形の保育の場を提供します。以下の4種類に分けられます。

⑴小規模保育事業

定員は6～19人以下と、通常の保育所に比べ小規模な施設型の保育事業です。家庭的保育に近い環境で、0～2歳の子供一人一人にきめ細かな保育を実施します。従来の認可保育所分園に近いA型、家庭的保育に近いC型、その中間のB型があります。保育士のほかにも、子育て支援員（P54）等も従事できるのが特徴です。

⑵家庭的保育事業

家庭的な雰囲気の下で、少人数を対象にきめ細かな保育を実施する保育事業です。保育者が居宅やその他施設等で保育を提供します。家庭的保育者は、保育士もしくは研修受講により、保育士と同等以上の知識及び経験を有すると市町村長が認める者である必要があります。

⑶事業所内保育事業

主な設置主体は事業所内で従業員のために保育施設を備えている企業です。定員は数人～数十人程度、設置場所も事業所やその他の様々なスペースと、園によってさまざまです。認可基準は、定員が19人以下の場合は小規模保育事業（A型・B型）と同様の基準、20人以上の場合は保育所と同様の基準になります。

⑷居宅訪問型保育事業

0～2歳までの保育を必要とする子供の居宅に訪問して、1対1で保育を行います。保育者は、必要な研修を修了し、保育士もしくは保育士と同等以上の知識及び経験を有すると市町村長が認める者とされています。

8　学童クラブ

正式名称は、「放課後児童健全育成事業」です。保護者が就労等の理由により昼間家庭にいない場合に、主に小学校低学年の子供を放課後や夏休みに預かり、遊びなどの活動を行います。

入所で支援する

9　乳児院

保護者の死亡、離婚、家出、虐待などの様々な理由で家庭で養育できない乳児を養育する施設です。保護者の入院や次の子供の出産等により養育できない場合の一時預かりも行っています。

11　児童養護施設

親の離婚、虐待などの事情により家庭で生活することが困難な１～18歳（必要に応じ20歳）の子供が生活する施設です。都内では小規模なグループケアを推進することで、子供たちがより家庭的な雰囲気で生活できる施設が増えています。

10　母子生活支援施設

入所時に18歳未満の子供を養育している母親で配偶者がいない等の状況で、生活上の問題により子供と一緒に利用する施設です。自立促進のために就労や家庭生活、子供の教育相談等の生活支援も行っています。

12　自立援助ホーム

正式名称は「児童自立生活援助事業」です。児童養護施設を退所のほか、様々な事情で家庭で生活することができない青少年（原則15～20歳未満／必要に応じ22歳の年度末まで）を対象に、生活の場を提供し、自立にむけた相談援助を行っています。

障害児を通所・居宅で支援する

13　児童発達支援

日常生活における基本的な動作の指導、知識技能の付与、集団生活への適用訓練、その他必要な支援を通所により行います。児童福祉施設としての児童発達支援センターとそれ以外の児童発達支援事業があります。通所相談は区市町村です。

14　医療型児童発達支援

肢体不自由があり、理学療法等の機能訓練や医療的な管理下での支援が必要な障害児に対し、通所により児童発達支援と治療を行います。通所相談は区市町村です。

15　放課後等デイサービス

就学後の障害児を対象に、授業終了後や学校の休業日に、生活能力の向上のために必要な訓練、社会との交流の促進、その他必要な支援を行います。通所相談は区市町村です。

16　保育所等訪問支援

障害児施設で障害児に対する指導経験のある児童指導員等が保育所や乳児院等集団生活を営む施設を訪問し、関わり方や抱えている悩み等に対応します。通所相談は区市町村です。

17　居宅訪問型児童発達支援

外出が困難な重度の障害児の居宅を訪問し、絵カードや写真を利用した言葉の理解等の基本的な動作指導や知識技能付与等の支援を行います。

障害児を入所で支援する

18　福祉型障害児入所支援

障害児を入所させ、児童の保護、日常生活の指導、生活を送るうえで必要な知識や技能を身につけるための訓練を行います。入所相談は児童相談所です。

19　医療型障害児入所支援

障害児を入所させ、児童の保護、日常生活の指導、生活を送るうえで必要な知識や技能の習得に加え治療を行います。入所相談は児童相談所です。

女性を保護する

20　婦人保護施設

元々は売春防止法による施設でしたが、現在では、様々な事情により社会生活を営む上で困難な問題を抱えている女性も保護の対象としています。配偶者暴力防止法による利用もできます。

(3) 主な子供・女性むけサービスの職種

保育所／保育士

仕事の内容

保育所は、子供の人格の基礎を育む大切な時期に、子供を長時間預かる施設です。保育士をはじめとする保育所の職員は、子供たちが安全で快適な環境の中で、ゆったりと過ごし、さまざまな経験や友だちとの関わり合いの中で成長できるよう保育を行います。

また、子供だけでなく、利用している保護者と子供の育ちを共有し、子育てや子供の成長に不安を感じている保護者の気持ちを受け止めて必要な支援を行うことも重要な仕事です。また、発達障害や子供の成長に応じた教育の視点からの専門性も求められています。

保育所では、保育士のほか、看護師または保健師、栄養士、調理員等が働いており、共通の保育方針に基づいて子供の成長を支えています。

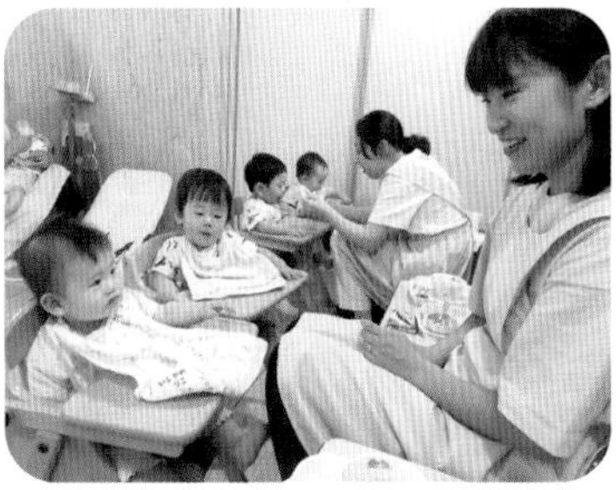

ある１日を振り返ると

保育所の場合

保育の時間（保育所開園時間）は園によって異なりますが、おおむね７時から19時ごろまでです。その中で交替で保育にあたります。また、延長保育として保育所によっては22時ごろまで預かるところもあります。

保育士は、園児の食事や睡眠、遊びや活動について常に気配りします。保護者からの連絡ノートに目を通し、子供の様子を記入するのも大切な仕事のひとつです。これらの合間に会議などもあります。

8:15	9:00	10:00	11:15	11:25	12:00	13:30	15:00	15:30	16:00	16:30	17:00
出勤・園児登園（7:15～9:00頃）	園庭で遊ぶ	おり紙や絵を描くなどの室内遊び	給食準備	給食	午睡の準備・着替えの手伝い・休憩	日誌の記入 会議等 打ち合わせ	子供を起こす	おやつ・遊び	園児降園（16:00～19:00頃）	引き継ぎなど	退勤

保育士の資格要件

保育所の保育士として働くためには、保育士の資格が条件となります。保育士の資格については56ページを参照してください。

子供が好きなことはもちろん、人を育てる職業ですから、健康で何事にも主体的に行動できる人、子供の成長を喜ぶことができる人が望まれます。

乳児院・児童養護施設／児童指導員・保育士

仕事の内容

乳児院で直接子供を養育する職員は、看護師と規定されていますが、ある一定の人数までは、保育士または児童指導員に代えることができます。最近では、乳児院で働く男性保育士も増えてきました。乳児院では、子供の世話のほか、子供の親（保護者）からの相談や、児童相談所との連絡調整も行います。

児童養護施設の児童指導員や保育士は、子供たちの生活全般に関わる援助にあたりますが、実際の業務内容は、施設の形態等によって様々です。例えば、大規模な施設では職種ごとに職務内容が分かれていますが、規模の小さい施設やグループホームなどでは、児童指導員や保育士が食事作りや洗濯も含めた子供たちの生活全般に関わる業務を行っている場合があります。勤務形態は、子供たちの生活時間にあわせた勤務時間にするため、断続勤務制（73ページ参照）を採用することがあります。

ある１日を振り返ると

児童養護施設の場合

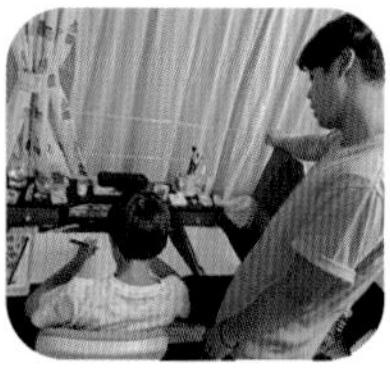

最近の施設は、できるだけ家庭に近い環境での養育を目指して、子供たちの生活集団を小規模化する傾向にあり、施設ごとに生活の仕方も異なります。

朝は、食事づくりや起床・登校準備の援助などに始まり、掃除、洗濯などの業務があります。子供たちが帰ると、おやつを食べながら学校での出来事や翌日の予定について話し合い、生活の様子の把握に努めます。夕食後は、テレビを見るなどして団らんの時間を過ごし、幼児への本読みや明日の通学準備の確認など、就寝まで必要な支援を行います。職員は交替で宿直業務に就きます。

宿直

15:00	15:15			15:30	17:00	18:00	19:10	19:45	20:00	23:30	1:00
出勤	引き継ぎ	帰宅の出迎え	勉強を見る・おやつの準備	幼稚園児のお迎え	夕食の準備	夕食休憩	学習補助	洗濯	就寝の準備	記録の記入 翌日の準備	仮眠（宿直）

	6:00	7:00	8:00	8:15	9:00	10:00	10:30	12:00	13:00	13:30	15:00
仮眠	起床・朝食の準備	朝食	登校見送り	掃除	病気の子供の対応	引き継ぎ	昼食の準備	昼食（休憩）	洗濯物の取り込み	引き継ぎ	勤務終了

児童指導員・保育士の資格要件

児童養護施設、乳児院では、直接子供たちの支援にあたる職種として、児童指導員と保育士があります。実際の業務においては、どちらも特に区別をしていない施設もあれば、児童相談所との連絡調整や保護者等からの相談には主に児童指導員があたるという施設もあり、それぞれの施設によって様々です。児童指導員任用資格、保育士資格の取得方法については、55、56ページを参照してください。

乳児院・児童養護施設／家庭支援専門相談員（ファミリーソーシャルワーカー）

仕事の内容

虐待等の家庭環境上の理由により入所している児童の保護者等に対し、児童相談所との密接な連携のもとに電話、面接等により児童の早期家庭復帰、里親委託等を可能とするための相談援助等の支援を行い、入所児童の早期の退所を促進し、親子関係の再構築等が図られるよう支援します。

家庭支援専門相談員の資格要件

社会福祉士
精神保健福祉士
児童養護施設等において５年以上従事した者
児童福祉司任用資格

9:30		10:00	10:30	11:00	12:00	13:00	15:00	18:00	18:30
出勤	朝礼 報告・連絡事項の確認	記録の確認	児相へ電話・面会の確認 児相から電話 入所依頼対応	ケースについてチーム会議 児相に電話 報告相談	休憩	各寮舎と入所についての話し合い	面会・面談・相談（保護者・児相職員等） 児相・保護者と電話	記録まとめ	退勤

乳児院・児童養護施設／個別対応職員

仕事の内容

虐待を受けた児童等の施設入所の増加に対応するため、被虐待児等の個別の対応が必要な児童への個別面談、生活場面での１対１の対応、保護者への援助等を行います。

個別対応職員の資格要件

資格要件はありませんが、豊かな人間性と倫理観、児童福祉事業の理論と実際についての訓練を受けた者等の適性が求められます。

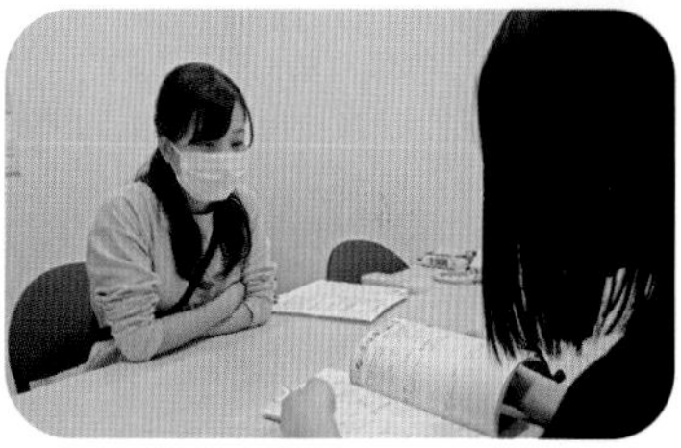

日勤

9:00	9:15	10:00		12:00	13:00	14:00	15:00	16:00	17:00	18:00
出勤	朝礼 報告・連絡 事項の確認	個別学習（高校生） 寮への補佐勤務 実習生関連対応	関係機関との連絡・調整 個別学習の教材準備	休憩	個別学習の教材準備	個別対応（幼児）	個別学習（小学生1）	個別学習（小学生2）	個別対応 記録の作成	退勤

遅番

13:00	14:00	15:00	17:30	18:00	19:00	20:00	21:00
出勤 記録の確認	ワークショップ 準備・対応	ワークショップ	ワークショップ振り返り	寮舎での食事介助補助	ワークショップ 記録の作成	個別学習の教材準備	退勤

母子生活支援施設／母子支援員・少年指導員

仕事の内容

母子生活支援施設は、夫の暴力や離婚などにより生活基盤を失ったり、子供の養育に支援が必要な世帯のほか、精神的なケアが必要な母親とその子供が一時的に利用し、退所後の自立生活を目指す施設です。

母子支援員は、このようなさまざまな生活課題を抱えた母親への支援を行います。具体的には、就労援助や日常の育児・家事などの相談に対応したり、家族などとの関係改善を精神的に支援するとともに、関係機関との調整などを行っています。

少年指導員は、子供の日常生活の援助を中心に学習や生活習慣が身に付くよう援助するとともに、良好な親子関係や友人関係を築くことができるよう援助も行います。ただし、実態としては母子支援員と少年指導員の業務が重なり合っている施設もあります。

保育士が配置されている場合には、保育所を利用していない乳幼児の施設内保育を中心に、病児保育や延長保育などの補助保育も行います。

母子生活支援施設には、施設長、母子支援員のほか心理担当職員、虐待対応のための個別対応職員などが配置されていますが、施設の職員数は少なく、20世帯60人程度の利用者を６～８人の職員で対応しています。また、利用者も乳幼児、学童、母親と幅広いため、職員同士が協力しながら支援を行っています。

ある１日を振り返ると　母子支援員の場合

施設内の仕事は、例えば、施設内保育をする保育士、学童保育の準備をする少年指導員、母親と一緒に仕事を探したり、関係機関と連絡調整を行う母子支援員などに分担されます。日常の仕事の合間をぬって、利用者に楽しんでもらえるようクリスマス会などの行事を企画したり、利用者の自立支援のためのケース会議なども行います。夜間も、職員が交代で宿直対応する施設もあります。

日勤

11:30	12:00	13:00	14:00	16:00	17:00	18:00	20:00
出勤 申し送り	昼食	関係機関との調整	利用者への 生活支援	利用者の 相談対応	利用者帰宅 迎え入れ	事務処理 行事企画 記録事務処理	退勤

宿直

11:30	13:00	14:00	16:30	17:00	18:00	19:00	20:00	22:00	6:30	7:30	10:00	12:00
出勤 申し送り 昼食	利用者 クラブ活動 支援	面談準備 利用者との 面談	事務 処理	利用者帰宅 迎え入れ	夕食 利用者への 対応	記録 事務処理	宿直準備等	仮眠（宿直）	掃除	朝の 送り出し	利用者への対応 関係機関連携 申し送り	退勤

母子支援員の資格要件

母子支援員として働くためには、以下のいずれかに該当することが必要です。

①都県等の指定する児童福祉施設の職員を養成する学校またはその他の養成施設を卒業

②保育士

③社会福祉士

④精神保健福祉士

⑤高卒後２年以上児童福祉事業に従事した者（ただし、東京における求人では、保育士、または児童指導員任用資格が条件になるのが一般的です。）

児童指導員任用資格、保育士の取得方法については55、56ページを参照してください。

障害児関係事業／指導員・保育士

仕事の内容

障害児のための通所・居宅による支援として、児童発達支援、医療型児童発達支援、放課後等デイサービス、保育所等訪問支援、居宅訪問型児童発達支援の５つの事業があります。このうち、児童発達支援には、児童福祉施設としての児童発達支援センターとそれ以外の児童発達支援事業があります。

また、障害児の入所による支援として、福祉型障害児入所支援、医療型障害児入所支援の２つの事業があります。

指導員は児童発達支援と放課後等デイサービスに配置があります。なお、児童指導員は児童発達支援センターと医療型児童発達支援、福祉型障害児入所支援、医療型障害児入所支援に置かれています。

それぞれ事業の機能により、名称は異なりますが、仕事の内容はほぼ同じです。具体的には、保育士とともに、日常生活を送るうえでの動作や運動機能の向上、知識・技能の取得、集団生活への適応に向けた必要な支援を行います。

ある１日を振り返ると　児童発達支援事業の場合

送迎バスを使って午前10時に登園します。朝の集まりの後、各クラスでの遊びになります。外遊びや新聞などをたくさん千切る紙遊び、七夕の短冊づくりなど、内容はクラスによってさまざまです。外遊びの様子を、眼を細めて眺めるお母さんの姿も見られます。

正午からは給食。こちらでは、園内の厨房で作っているため、午前中からいい匂いがします。管理栄養士が児童一人ひとりに合った個別食（アレルギー対応食のほかソフト食やペースト食など）への対応をしています。児童の親が学んで自宅で作るようになることもあり、専門職としての支援が発揮されています。

午後は自由遊びとなり、14時半に降園となります。

指導員・保育士の資格要件

「指導員」の資格要件の定めはありませんが、求人募集では、児童指導員任用資格や保育士が求められています。児童指導員任用資格や保育士の取得方法については55、56ページを参照してください。

障害児関係事業／児童発達支援管理責任者

仕事の内容

児童福祉法における障害児サービスでは、すべての事業で児童発達支援管理責任者の配置があります。

仕事の内容・資格要件は、障害者総合支援法におけるサービス管理責任者とほぼ同じです。

このうち、児童発達支援管理責任者の業務を児童発達支援を例にあげると以下のようになります。

①障害児の能力、環境、日常生活全般の状況、希望を踏まえて、具体的なサービス内容を記した児童発達支援計画原案を作成し、関係するサービスを提供する担当者に意見を求める
②作成した児童発達支援計画原案を障害児とその保護者に説明し同意を求めたのちに交付
③児童発達支援計画の実施状況の把握
④６か月に１回以上児童発達支援計画を見直し、必要により計画を変更（修正）
⑤障害児やその家族への相談・援助
⑥他の従業者への技術指導・助言

児童発達支援管理責任者の資格要件

児童発達支援管理責任者になるには、国が指定した障害者（児）の保健、医療、福祉、就労、教育分野における相談支援業務、直接支援業務（介護、就業支援、職業教育）での３～８年の実務経験が必要（なお、実際は、実務経験要件から２年引いた年数を満たしている者）で、そのうち障害児、児童、障害者に対する相談支援、直接支援３年以上の実務経験を持った者が合計５日間程度の研修[※1]を受ける必要があります。

実務経験の詳細は、検索サイトで**「東京都障害者サービス情報」**を検索し、**「書式ライブラリー」→「A【児童福祉法に基づく障害児施設】指定申請書・変更届等」→「新規指定申請のご案内」→「児童発達支援・放課後等デイサービス指定申請マニュアル」**でご確認ください。

研修の実施日程は、該当事業所に東京都の所管課から案内があります。

なお、これらの研修はいずれも勤務している障害福祉サービスの指定事業所からの推薦で受講します。

指定された実務経験（1～6年） ＋ 相談支援従事者初任者研修の一部＋児童発達支援管理責任者等[※2]基礎研修 ＋ ２年以上のOJT ＋ 児童発達支援管理責任者等実践研修 → 児童発達支援管理責任者等更新研修（5年毎）

※1　研修受講には、実務経験要件から２年引いた年数（最低1年以上）を満たしている必要があります。
※2　「等」はサービス管理責任者を含んでいます。2019（令和元）年度より、サービス管理責任者研修と研修カリキュラムが統一されました。

婦人保護施設／指導員

仕事の内容

婦人保護施設は、性被害や、虐待、貧困、若年、妊産婦、精神障害や発達障害など、生きづらさや課題を抱えた女性が入所する施設です。入所者に対しては、再び地域社会で自立した生活ができるよう、生きる力を養うための支援を行います。

また、緊急の事情により住むところがない女性を保護し、一時的な住居の提供と、今後の生活についての相談支援を行います。

指導員（支援員と称する場合もあります）の具体的な仕事は、金銭管理を含む日常生活の支援や諸手続き、通院の同行、就労支援等があります。また、余暇活動としてのクラブ活動の運営や行事の企画等があります。退所者へのアフターケアも重要な支援業務の１つで、退所後も相談できる関係づくりを大切にしています。

施設には指導員の他、看護師、管理栄養士、心理職員、調理員、事務員等が配置され、それぞれの専門性を活かしながら、チームケアを大切にし、利用者を支援しています。

ある１日を振り返ると　指導員の場合

施設内での仕事は、館内の日常清掃からはじまります。就労支援の一環である内作業は、手工芸等の制作を通して、社会参加や自尊心の回復を目的に取組みます。行政手続きや通院などは定期的または随時対応しています。また、月に一度のケース会議と自立支援会議を通し、利用者へのきめ細やかな支援を行っています。

日勤

9:00	10:30	12:00	13:00	16:00	17:00	18:00
勤務開始 朝申し送り	内作業開始 昼申し送り 日常業務	昼休憩	業務開始 内作業開始 日常業務	健康体操 心理相談 日常業務	夕申し送り 日常支援	業務終了

宿直

10:00	10:30	12:00	13:00	15:00	17:00	22:00	22:00～5:30	5:30	9:00	10:30
勤務開始 館内巡回	昼申し送り 日常業務	昼休憩	業務開始 日常業務	館内巡回 日常業務	夕申し送り 日常業務	業務終了	休憩	勤務開始	朝申し送り	業務終了

指導員の資格要件

指導員の資格要件の定めはありませんが、求人募集では社会福祉士を求められることが多いのが特徴です。

4 生活福祉に関わる職場と仕事

(1) 主な生活困窮者むけサービスと職種一覧

サービス	主な事業（東京での事業所数）	主な職種	
相談する	1 自立相談支援機関（60）	・支援員（主任相談員、相談支援員、就労支援員）	
入所で支援する	2 救護施設（10）	・生活指導員 ・看護師/准看護師	・介護職員 ・栄養士/調理員
	3 更生施設（11）	・生活指導員 ・看護師/准看護師	・作業指導員 ・栄養士/調理員
	4 宿所提供施設（10）	・施設長	
	5 無料低額宿泊所（131）	・相談員/指導員	

(2) 主な生活困窮者むけサービス

相談する

1 自立相談支援機関

経済的に困窮し、最低限度の生活を維持することができなくなるおそれのある人に対して、生計や就労、住居などの幅広い相談支援を行っています。生活困窮者自立支援法による機関です。

入所で支援する

2 救護施設

心身に障害があり、日常生活を営むことが困難な場合に入所する施設で、生活全般の援助を行います。精神障害、知的障害、重複障害のほか、視覚障害、アルコール依存症の利用者を専門に受け入れている施設もあります。生活保護法による保護施設です。

3 更生施設

病気や怪我により、自立した生活をすることが困難になった人が、一定期間利用する施設です。生活全般への支援とともに、就労支援や自立生活に向けた支援に重点が置かれます。生活保護法による保護施設です。

4 宿所提供施設

様々な理由で生活が困窮し、住居の確保が困難な世帯に住まいを提供する施設です。都内には緊急避難的に住居の必要がある世帯に一時的に施設の居室を提供する事業を行っている施設もあります。生活保護法による保護施設です。

5 無料低額宿泊所（宿泊所）

生計困難者が、無料又は低額な料金で宿泊できる施設です。社会福祉法による届出で運営されています。ＮＰＯ法人による運営が大半です。

(3) 主な生活困窮者むけサービスの職種

救護施設／生活指導員・介護職員

仕事の内容

救護施設は、障害の種別を問わず、地域での生活が困難な人を受け入れている施設です。施設では健康管理や介護といった日常生活支援のほか、作業活動や趣味・学習活動・レクリエーション等を通して、利用者が毎日の生活に充実感が持てるよう支援を行っています。

同時に、一定期間施設を利用した利用者に対しては、状況に合わせて、地域移行や他種別施設の利用等を検討するなど、個別支援を行っています。

生活指導員の具体的な業務内容は、利用者への相談対応や福祉事務所との連絡調整業務、入所・退所に関わる事務等が中心となります。また、地域の医療機関や福祉関係機関などとの連絡調整も行います。

介護職員は、入浴・食事・洗濯など利用者の生活全般に関わる支援のほか、作業活動・クラブ活動に関する支援などを行います。

ある1日を振り返ると　介護職員の場合

利用者の生活に関わること全てが仕事になります。施設内での支援だけでなく、買物や通院の際に付き添ったり、必要に応じて金銭管理に関する支援も行います。また、日々の生活の中での様々な悩みの相談にのることもあります。

宿直

9:30	10:00	12:00	12:30	13:30	18:00	19:30	20:30	22:00	23:00
ラジオ体操・散歩	清掃活動 作業活動・個別援助 リハビリ（曜日による）	昼食準備	休憩	作業活動・個別援助 介護が必要な利用者の入浴やクラブ活動など（曜日による）	夕食・準備及び後片づけ 歯みがき等、食後の介助	休憩	服薬確認の巡回など	消灯 巡回・排泄等の介助	巡回・安全確認・排泄等の介助（宿直）　仮眠 ▶

	6:00	7:00	8:15	8:45	9:00	9:30
▶▶▶ 仮眠	起床・排泄の介助	朝食 準備及び後片づけ 食後の介助	休憩	宿直日誌の記入など	朝礼 引き継ぎ	退勤

5 地域福祉に関わる職場と仕事

(1) 主な地域福祉団体・組織のサービスと職種一覧

サービス	主な事業（東京での事業所数）	主な職種
地域福祉のためのサービスを実施する	1 社会福祉協議会（64）	・コミュニティ・ソーシャル・ワーカー他（P37）
	2 社会福祉法人本部（1083）	・事務職員（P38）
	3 病院の地域連携室・医療相談室	・メディカル・ソーシャル・ワーカー（MSW）

(2) 主な地域福祉団体・組織のサービス

地域福祉のためのサービスを実施する

1 社会福祉協議会

地域で福祉課題を抱えている人を発見し、サービスにつなげるために、関係機関・団体・ボランティアとの連絡調整・あっせん・振興のほか、社会福祉協議会自ら生活福祉資金の貸付、福祉サービスの提供など、地域福祉推進のための幅広い事業を行っています。

3 病院の地域連携室・医療相談室

在宅復帰や転院支援のための相談や調整、療養中の不安や家族関係の調整、受診・受療にむけた情報提供と医師との連絡調整、傷病手当金などの経済的な問題の解決支援、地域の保健医療福祉関係者との連絡調整・ネットワークづくりに参画しています。

※【求人情報】は110ページの「一般社団法人東京都医療ソーシャルワーカー協会」の欄を参照して下さい。

2 社会福祉法人本部

法人全体の人事（配置・昇任昇格・給与・研修）、労務（就業規則・福利厚生・出退勤）、財務（予算・決算・資金調達）、設備（建物維持管理）、情報（発展計画・役員会）の管理が本来の役割です。また、これらの既存事業とは別に法人として「地域公益活動」の実施が求められています。

(3) 主な地域福祉団体・組織の職種

社会福祉協議会／コミュニティ・ソーシャル・ワーカー　他

仕事の内容

区市町村の社会福祉協議会では、地域住民や福祉関係者、地域のあらゆる団体・組織が協力、参加し、福祉のまちづくりをすすめる活動を企画・実施しています。

主な事業としては福祉に関する総合相談、近隣住民の助けあい活動や、小地域福祉活動（サロン等）の推進、ボランティア・市民活動団体支援、福祉教育の推進、低所得者世帯のための生活福祉資金の貸付、地域福祉権利擁護事業（日常生活自立支援事業）などを行っています。

また最近では、地域福祉権利擁護事業に関連して、成年後見制度に対する取り組みを進めるところも増えています。

その他、デイサービス・ホームヘルプサービスを始めとする介護保険関連事業や、障害者のための地域生活支援や介護などの福祉サービスに取り組んでいるところもあります。

都道府県および全国の社会福祉協議会では、それぞれの圏域や全国レベルの福祉課題に対する総合的な調査、広報・提言、研修、連絡調整などを行っています。

社会福祉協議会で働く職員

社会福祉協議会は多種多様な事業を実施していることから、さまざまな職種の職員が働いています。

①福祉的援助を必要としている人が地域で安心して暮らせるように適切な福祉サービスにつなげるなど、さまざまな相談に応じる職員（コミュニティ・ソーシャル・ワーカーなど）
②住民が主体的に小地域福祉活動やボランティア活動を進めていけるような支援および、関係機関・団体との連絡調整を行う職員（コミュニティ・ワーカー／ボランティア・コーディネーターなど）
③高齢者、障害者、児童を対象とした福祉サービスの提供にあたる職員（介護職員、支援員など）
④法人運営にかかわる総務・経理の事務職員、などです。

ある１日を振り返ると　地域福祉権利擁護事業の担当部署に勤務の場合

住民が地域で安心して暮らせるよう、判断能力が十分でない方のための福祉サービスや制度に関する相談・助言、日常金銭管理サービス・書類等の預かりサービスを実施しています。専門的な知識をもち、地域のさまざまな福祉・保健・医療の専門職や、弁護士・司法書士などと連携しながら利用者の支援にあたっています。

また、講演会やイベントの企画実施および広報業務などにもあたります。

8:30	9:30	10:00	12:00	13:00	13:30	15:00	16:00	17:15
電話相談対応	訪問準備	契約者と銀行へ同行など	休憩	電話相談	契約外支援ケース調査、相談対応	地域包括支援センターとのカンファレンスに出席	電話相談	講演会下準備広報誌原稿作成など

社会福祉協議会職員の資格要件

社会福祉協議会職員として働くための定められた基準はありませんが、応募資格要件として、「社会福祉士」や「社会福祉主事任用資格」などが求められることが多いのが現状です。福祉や社会に対する幅広い知識と、多くの住民や関係者とネットワークを組みながら事業を進めていくことのできる力が求められます。

職員募集は、法人として一括募集し配属先によって職務内容が異なる場合と、事業部門単独で募集が行われる場合があります。

社会福祉法人本部／事務職員

仕事の内容

近年、福祉サービスを効果的に展開するために、法人本部の基盤強化が求められています。法人本部はその規模により、職員数は大きく異なりますが、おおむね次のような業務を行っています。

(1) 庶務業務（窓口業務・電話対応・消耗品管理）

(2) 法人全体の経営管理

①法人本部と傘下の各事業所との連絡調整（所長会の開催・とりまとめ）

②法人全体の人事管理（配置・昇任昇格・給与・研修）

③法人全体の労務管理（就業規則・福利厚生・出退勤）

④法人全体の財務管理（予算・決算・資金管理・税務・給付金等公金の請求精算事務）

⑤法人全体の設備管理（建物維持管理）

⑥法人全体の情報管理（発展計画・役員会）

(3) 法人事業の展開

①地域公益活動の実施

②区市町村や関係機関団体との連絡調整

また、法人本部以外に事務職配置のあるサービス種別もあります。

事務職の資格要件

事務職として働くための資格要件は定められていませんが、求人では、パソコンや簿記の知識・技能を求められることが多いのが現状です。また、介護報酬請求事務経験や自動車運転免許、福祉関係資格の取得・研修修了などを求められることもあります。

第 2 章

福祉関係の主な資格

福祉サービスの現場や福祉関係機関等で働く方に関係する主な資格を掲載し、それぞれの取得方法等を紹介します。資格には国家資格や民間資格等があり、福祉分野においては取得試験を受験するために、実務経験が求められる場合もあります。

1　介護職員初任者研修

☞ 介護職員初任者研修とは

介護職員初任者研修とは、在宅・施設を問わず、介護職員として働くうえで基本となる知識・技術を習得するための研修として、従来の訪問介護員（ホームヘルパー）２級から移行され、2013（平成25）年度からスタートしました。

なお、ホームヘルパー２級を取得している場合には、介護職員初任者研修修了者として訪問介護などの業務に従事できます。

カリキュラムの時間数は130時間とヘルパー２級と変わりませんが、「認知症の理解」などの科目が新設されるとともに、介護技術を習得するための演習の時間が増やされています。

介護保険制度上の訪問介護（ホームヘルプサービス）を行う事業所等で、介護報酬の算定要件となっており、訪問介護員（ホームヘルパー）として働く場合に必須の資格（研修）となっています。

☞ 介護職員初任者研修を受講するには

東京都の指定を受けているさまざまな事業者が研修を開催しています。

研修の実施形態には講義・演習等のすべてを通学で行うものと、講義の一部を通信で行うものがあります。その他、研修日程や曜日は実施団体により異なります。

受講にあたっては、研修の実施形態、受講時期、受講期間、会場、受講料など実施団体に問い合わせて確認することが必要です。

■研修開催の情報

東京都から指定された研修の一覧は、東京都福祉局のホームページで**「福祉の基盤づくり」**の**「お知らせ（一覧）」**（または**「講座・催し物」**）に掲載されています。

介護職員初任者研修カリキュラム	
◎講義と演習	
職務の理解	６時間
介護における尊厳の保持・自立支援	９時間
介護の基本	６時間
介護・福祉サービスの理解と医療との連携	９時間
介護におけるコミュニケーション技術	６時間
老化の理解	６時間
認知症の理解	６時間
障害の理解	３時間
こころとからだのしくみと生活支援技術	75時間
振り返り	４時間
合計	130時間

※上記とは別に、筆記試験による修了評価（１時間以上）が行われます。

2　居宅介護職員初任者研修等

☞ 居宅介護職員初任者研修等とは

障害者総合支援法に基づく訪問系のサービスには、居宅介護・重度訪問介護・行動援護・同行援護・重度障害者等包括支援と、区市町村が実施する地域生活支援事業の一つである移動支援事業があり、サービスの種類ごとにヘルパーとしての資格要件が決まっています。研修プログラムには、以下の４つがあります。

なお、介護福祉士、実務者研修、介護職員初任者研修修了者は、居宅介護、重度訪問介護では以下の⑴⑵の研修を受講する必要はありません。

⑴居宅介護職員初任者研修

訪問系の４つのサービスのヘルパーとして働くことができます。障害者（児）のニーズに対応したサービスを提供するために必要な知識・技能を有する従業者の養成を目的として行われる研修です。居宅介護職員初任者研修は旧居宅介護従業者養成研修２級課程から移行したものです。また、旧居宅介護従業者養成研修３級課程から移行した障害者居宅介護従業者基礎研修が行われていますが、事業所は給付金が減額されるため、修了者の採用は消極的です。

⑵重度訪問介護従業者養成研修

主に重度訪問介護のヘルパーのための資格研修です。重度の肢体不自由者または重度の知的障害もしくは精神障害がある方の入浴、排せつおよび食事等の介護や、調理・洗濯・掃除等の家事、外出時における移動中の介護に関する知識および技術の修得を目的として行われます。研修課程には、①基礎課程10時間、②追加課程10時間、③統合課程20.5時間、④行動障害支援課程12時間があります。

⑶行動援護従業者養成研修

行動援護、重度訪問介護のヘルパーのための資格研修です。知的障害又は精神障害により行動上著しい困難を有する障害者等が、行動する際に生じ得る危険を回避するために、必要な援護、外出時における移動中の介護を提供するための研修です。研修時間は24時間です。

⑷同行援護従業者養成研修一般課程

同行援護のヘルパーのための資格研修です。移動に著しい困難を有する視覚障害者の移動時や外出先における必要な情報の提供、移動の援護、排せつ、食事等の介護等の支援に関する知識および技術の修習を目的として行われます。

一般課程（20時間）のほかに応用課程（12時間）がありますが、応用課程は主に現職者むけの研修です。

＊障害者（児）移動支援従業者養成研修について

2006（平成18）年10月１日より、従来の視覚障害者・全身性障害者・知的障害者に対する外出介護の制度が変わり、区市町村の実施する地域生活支援事業の「移動支援事業」として位置づけられました。これにより、サービスを提供する従事者の要件については、各区市町村が決めることとなっています。

そのため、国や都道府県が従業者に対して、研修の受講を義務付けるものではなくなりましたが、これから障害者の外出介護の仕事に就きたいという方を対象とした知識と技術を習得するための研修は、継続して行われています。

☞ 居宅介護職員初任者研修等を受講するには

養成研修事業者の一覧は、東京都福祉局のホームページで**「福祉の基盤づくり」**の**「お知らせ（一覧）」**（または**「講座・催し物」**）に掲載されています。

3　実 務 者 研 修

☞ 実務者研修とは

実務者研修とは介護福祉士養成施設（２年以上の養成課程）の到達目標と同等の水準を目指すもので、実務経験だけでは習得できない知識・技術を中心に構成されています。

習得期間は６か月。450時間の受講が基本です。ただし、過去に履修した研修科目を読み替え、カリキュラムを一部免除する制度があります。カリキュラムのうち、介護過程Ⅲはスクーリング（10～16日程度）ですが、それ以外の科目は通信で履修できます。初任者研修のように修了試験がないのも特徴です。

なお、実務経験3年以上で介護福祉士国家試験を受験する場合は、実務者研修の修了が必須となっています。

【到達目標】
- ○　幅広い利用者に対する基本的な介護提供能力の修得
  ※介護福祉士養成施設（２年以上の養成課程）における到達目標と同等の水準
- ○　今後の制度改正や新たな課題・技術・知見を自ら把握できる能力の獲得

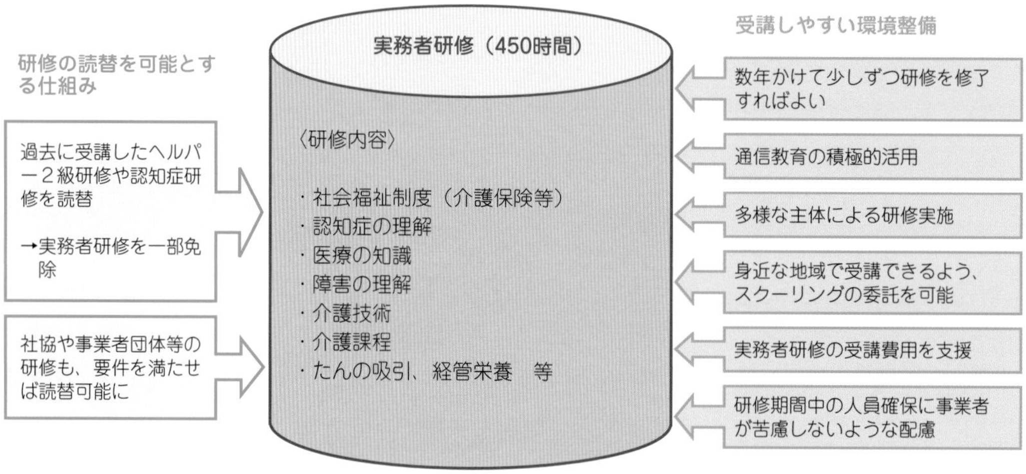

☞ 実務者研修を受講するには

東京都の指定を受けているさまざま事業者が研修を開講しています。通信制６か月の講座が多く、昼間１年という講座もあります。また、他研修修了者を対象に設定された６か月未満の『短縮コース』もあります。受講にあたっては、研修の実施形態、受講時期、受講期間、会場、受講料など実施団体に問い合わせて確認することが必要です。

■研修開催の情報

東京都から指定された介護福祉士実務者養成施設の一覧は、東京都福祉局のホームページで**「福祉の基盤づくり」**の**「お知らせ（一覧）」**（または**「講座・催し物」**）に掲載されています。

実務者研修のカリキュラム・時間数と旧制度研修の科目免除（修了認定科目）一覧

実務者研修		介護職員初任者研修	訪問介護員研修			介護職員基礎研修	その他の制度研修
教育内容	時間数		1級	2級	3級		
人間の尊厳と自立	5	※1○	○	○	○	○	
社会の理解Ⅰ	5	○	○	○	○	○	
社会の理解Ⅱ	30		○			○	
介護の基本Ⅰ	10	○	○	○		○	
介護の基本Ⅱ	20		○	○		○	
コミュニケーション技術	20		○			○	
生活支援技術Ⅰ	20	○	○	○	○	○	
生活支援技術Ⅱ	30	○	○	○		○	
介護過程Ⅰ	20	○	○	○		○	
介護過程Ⅱ	25		○			○	
介護過程Ⅲ（スクーリング）	45					○	
発達と老化の理解Ⅰ	10		○			○	
発達と老化の理解Ⅱ	20		○			○	
認知症の理解Ⅰ	10	○	○			○	認知症実践者研修
認知症の理解Ⅱ	20		○			○	認知症実践者研修
障害の理解Ⅰ	10	○	○			○	
障害の理解Ⅱ	20		○			○	
こころとからだのしくみⅠ	20	○	○	○		○	
こころとからだのしくみⅡ	60		○			○	
医療的ケア	（※2）50						喀痰吸引等研修
実務者研修受講時間数	450	320	95	320	420	50	

これだけは通いです

※1　○印は申請により受講が免除される科目です。例えば、ヘルパー1級を修了している場合、介護過程Ⅲ（スクーリング）と医療的ケアの計95時間を受講すれば実務者研修を修了したこととなります。

※2　「医療的ケア」は50時間とは別に演習（通学16時間）を修了する必要があります。また喀痰吸引の実務を行うためには、さらに喀痰吸引等研修の「実地研修」を受ける必要があります。

介護職員の資格の段階と取得方法

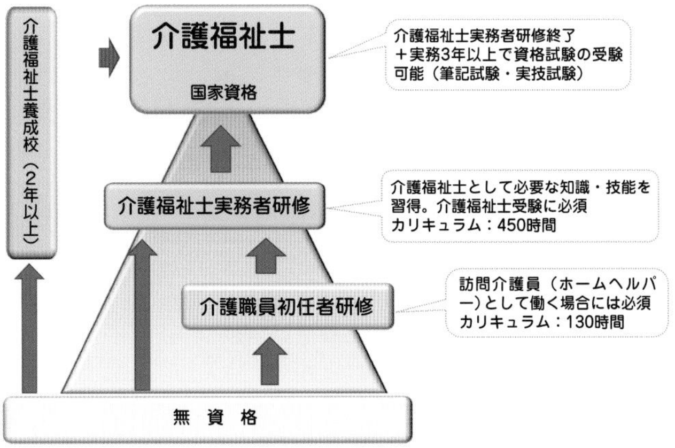

4　介護福祉士

☞ 介護福祉士とは

介護福祉士は、1987（昭和62）年の「社会福祉士及び介護福祉士法」の制定により国家資格（名称独占）として誕生しました。

介護福祉士とは、専門的知識や技術をもって、身体上や精神上の障害があることにより、日常生活を営むことに支障のある人に、入浴、排せつ、食事、その他生活上必要な介護を行い、またその人や介護者に対して介護に関する指導を行う専門職のための資格です。介護保険サービスや障害福祉サービス等の介護職員、ホームヘルパーとして活躍しています。

☞ 介護福祉士の資格を取得するためには

介護福祉士の資格を取得するためには、大きくわけて次ページの図のような方法があります。

近年、制度変更が頻繁に行われていますので、受験資格等の詳細については、社会福祉振興・試験センターが作成する『受験の手引』等で必ずご確認ください。

■介護福祉士国家試験の概要

試　験　日

年１回、１月下旬に１次試験（筆記）、合格者に３月上旬に２次試験（実技）を実施（例年）

受験申込期間

受験する前年の８月上旬～９月上旬（例年）

試 験 科 目

筆 記 試 験

領域	試験科目
人間と社会	人間の尊厳と自立、人間関係とコミュニケーション、社会の理解
介護	介護の基本、コミュニケーション技術、生活支援技術、介護過程
こころとからだのしくみ	発達と老化の理解、認知症の理解、障害の理解、こころとからだのしくみ
医療的ケア	医療的ケア
総合問題	総合問題

実 技 試 験

介護等に関する専門的技能

合 格 発 表

３月下旬（例年）

介護福祉士養成施設ルートの経過措置

2017（平成29）～2026（令和８）年度の経過措置

2017（平成29）～2026（令和８）年度までの間の卒業生は５年間の期限付きで介護福祉士資格が得られ、期限内に国家試験に合格するか、５年間現場で勤務することで正式に介護福祉士の資格が認められます。しかし、期限内にいずれかの条件を満たさなかった場合には資格は失われます。

2027（令和９）年度以降

2027（令和９）年度以降は、介護福祉士養成施設を卒業しても国家試験に合格し、登録しなければ介護福祉士資格は取得できなくなります。

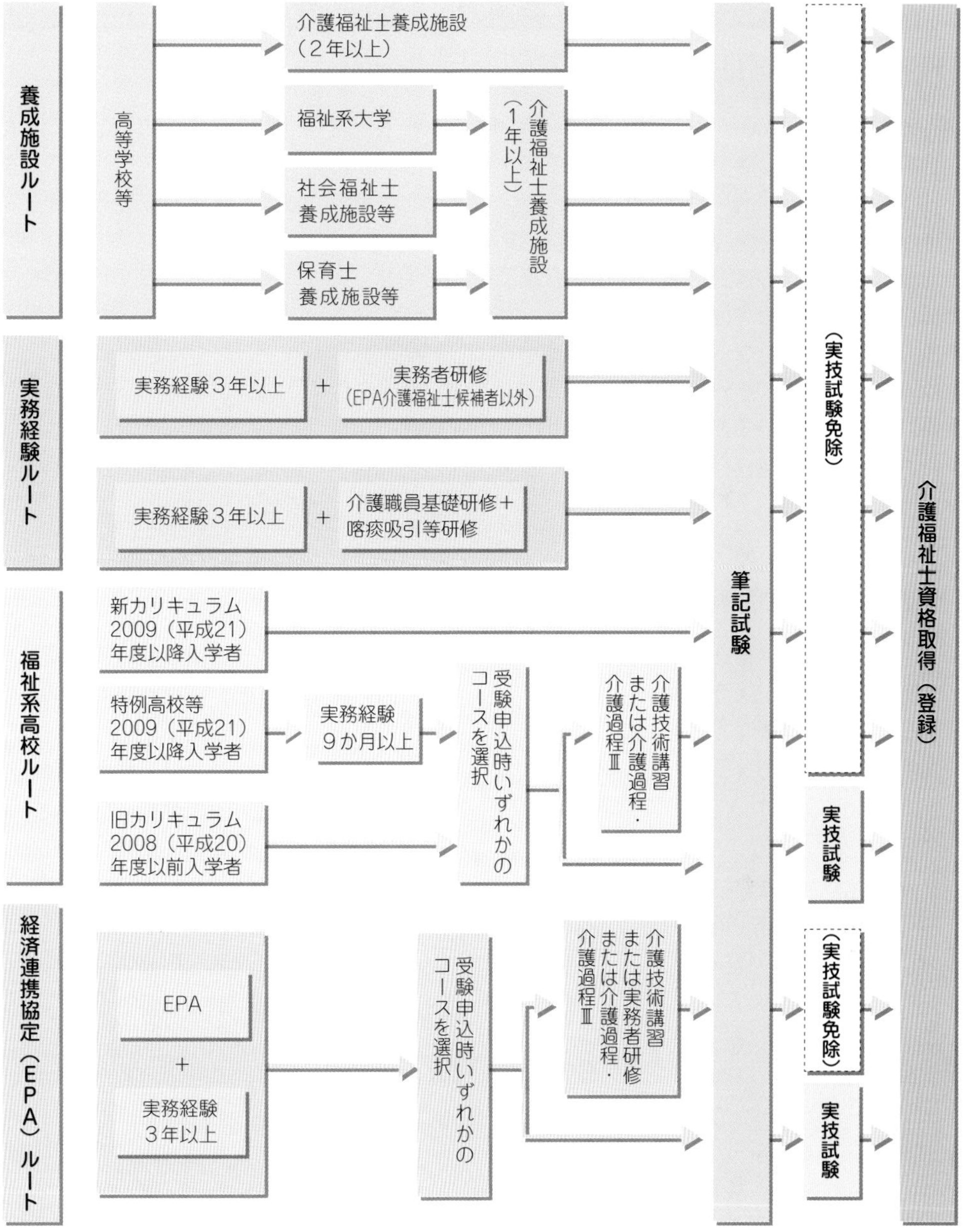

3年以上の実務経験とは
従業期間 1095日以上（３年以上）かつ従事日数 540日以上（１日の勤務時間は不問）
試験実施年度の３月31日まで見込みで通算可

■介護福祉士国家試験に関する問い合わせ先

公益財団法人　社会福祉振興・試験センター　試験室
〒150-0002　東京都渋谷区渋谷１-５-６　SEMPOSビル
TEL 03-3486-7521　https://www.sssc.or.jp

国家試験情報専用電話案内
（音声案内、24時間対応）
TEL 03-3486-7559

5　介護支援専門員（ケアマネジャー）

☞ 介護支援専門員とは

介護支援専門員は2000（平成12）年４月の介護保険制度の導入にあわせて創設された公的資格です。

介護支援専門員は、要介護者等からの相談に応じ、要介護者等が心身の状況に応じ適切な介護サービスが利用できるよう、区市町村や居宅サービス事業者、介護保険施設などとの連絡・調整を行い、要介護者等が自立した日常生活を営むのに必要な援助に関する専門的知識及び技術を有する者として、介護支援専門員証の交付を受けた者です。

介護保険では、サービスのひとつに「居宅介護支援」が位置づけられています。居宅介護支援とは、居宅要介護者の依頼を受けて、その心身の状況や生活環境、本人や家族の希望等を踏まえて、居宅サービス計画（ケアプラン）を作成するとともに、サービス提供事業者や施設などとの連絡・調整を行うサービスです。

介護支援専門員は、居宅介護支援事業所に配置され、居宅介護支援のサービスを提供します。また、介護保険施設や地域包括支援センターにも配置されています。

☞ 介護支援専門員の資格を取得するためには

①都道府県が行う介護支援専門員実務研修受講試験に合格し、②介護支援専門員実務研修を修了した日から３か月が経過する日までに、③都道府県の介護支援専門員資格登録簿への登録が必要です。業務に従事するには、④さらに介護支援専門員証の交付が必要です。

なお、介護支援専門員証の有効期間は５年です。有効期間を更新するには、更新のための研修を受講し、専門員証の交付申請をすることが必要です。

まず①の実務研修受講試験の受験資格を得るためには、保健・医療・福祉分野で原則として５年以上の実務経験が必要です。

実務経験の５年以上とは、在職期間が通算して５年以上あり、かつ当該業務に従事した実勤務日数が900日以上あることとされています。勤務形態（常勤・非常勤など）、勤務時間は問いません。

なお、受験資格となる実務経験に該当する範囲等については、受験要項等で必ずご確認ください。

受験資格
以下のいずれかの要件を満たし通算で５年以上従事 1　以下の法定資格を取得（登録）後、法定資格業務に従事 医師、歯科医師、薬剤師、保健師、助産師、看護師、准看護師、理学療法士、作業療法士、社会福祉士、介護福祉士、視能訓練士、義肢装具士、歯科衛生士、言語聴覚士、あん摩マッサージ指圧師、はり師、きゅう師、柔道整復師、栄養士（管理栄養士含む）、精神保健福祉士 2　生活相談員 生活相談員として介護老人福祉施設（地域密着型含む）、特定施設入居者生活介護（地域密着型、介護予防含む）で相談援助業務に従事 3　支援相談員 支援相談員として介護老人保健施設で相談援助業務に従事 4　相談支援専門員 障害者総合支援法による相談支援（基本相談支援・地域相談支援・計画相談支援）、児童福祉法による障害児相談支援で相談支援専門員として従事 5　主任相談支援員 生活困窮者自立支援法による生活困窮者自立相談支援事業で主任相談支援員として従事

■介護支援専門員実務研修受講試験の概要

実務研修受講資格試験は、国の提示する内容で都道府県ごとに実施されます。

試　験　日

年１回、10月に筆記試験を実施。合格者に対し、実務研修（研修および実習）が実施されます。

受験申込期間

６月上旬～７月上旬（試験日により変動します）

試 験 科 目

＜介護支援分野＞

介護保険制度の基礎知識／要介護認定等の基礎知識／居宅・施設サービス計画の基礎知識等

＜保健医療福祉サービス分野＞

保健サービスの知識等／福祉サービスの知識等

■介護支援専門員実務研修受講試験に関する問い合わせ先

＜東京都の場合＞

公益財団法人　東京都福祉保健財団　人材養成部介護人材養成室　介護支援専門員担当

〒163-0718　東京都新宿区西新宿２　７　１　小田急第一生命ビル18・19階

TEL 03-3344-8512　https://www.fukushizaidan.jp

トピックス　主任介護支援専門員（主任ケアマネジャー）とは

主任介護支援専門員は2006（平成18）年の介護保険法改正と同時に生まれた資格です。他の保健医療サービス又は福祉サービスを提供する関係機関との連絡・調整や、地域における他の介護支援専門員（ケアマネジャー）に対する指導、助言を行う等の役割があります。

専任の介護支援専門員として働いた期間が通算5年（60か月）以上等の条件を満たし、主任介護支援専門員研修を受講することで取得できます。

地域包括支援センターには主任介護支援専門員かそれに準ずる人、そして特定事業所加算を取得する事業所には主任介護支援専門員を配置することが義務付けられています。また、2021（令和3）年４月以降は、居宅介護支援事業所の管理者の要件が主任介護支援専門員となっています※。

※2027（令和9）年3月までの経過措置有り

6　社会福祉主事任用資格

☞ 社会福祉主事任用資格とは

社会福祉主事任用資格は、法制度上は各地方自治体の福祉事務所などに従事する公務員（ケースワーカーなど）に任用される際に必要とされる資格です。

社会福祉施設の生活相談員や社会福祉協議会などの職員募集の際に、応募要件とされる場合もあり、基礎的な資格として位置づけられています。

☞ 社会福祉主事任用資格を習得するためには

次のいずれかに該当すれば、要件を満たします。

(1)大学、短期大学等で厚生労働大臣の指定した科目（右表参照）を３科目以上修めて卒業

(2)社会福祉主事の指定養成機関や講習会の課程を修了

※養成機関については、専門学校のほか、社会福祉事業や介護保険事業の現職者を対象とした通信教育（下記参照）などがあります。

(3)社会福祉士

(4)上記と同等以上の能力を有するとして厚生労働省令で定める者（精神保健福祉士ほか）

福祉系の大学・短大等を卒業した場合には、社会福祉主事任用資格証明書が発行される場合がありますが、一般大学の場合には、学校から出される「卒業証明書」と「履修科目が記載された成績証明書」の２点をもって確認することになります。

社会福祉主事通信課程（現職者を対象）

●**全国社会福祉協議会中央福祉学院**
〒240-0197
神奈川県三浦郡葉山町上山口1560-44
TEL　046-858-1355

●**日本社会事業大学通信教育科**
〒204-0023
東京都清瀬市竹丘3-1-30
TEL　042-496-3000

■社会福祉主事任用資格の指定科目

2000(平成12)年4月1日以降に卒業した方(34科目)

社会福祉概論・社会福祉事業史
社会福祉援助技術論・社会福祉調査論
社会福祉施設経営論・社会福祉行政論
社会保障論・公的扶助論・児童福祉論
家庭福祉論・保育理論・身体障害者福祉論
知的障害者福祉論・精神障害者保健福祉論
老人福祉論・医療社会事業論・地域福祉論
法学・民法・行政法・経済学・社会政策
経済政策・心理学・社会学・教育学
倫理学・公衆衛生学・医学一般
リハビリテーション論・看護学・介護概論
栄養学・家政学

2000(平成12)年3月31日までに卒業した方(32科目)

社会福祉概論・社会福祉事業史
社会福祉事業方法論・社会調査統計
社会福祉施設経営論・社会福祉行政
公的扶助論・児童福祉論・保育理論
身体障害者福祉論・知的障害者福祉論
老人福祉論・医療社会事業論・地域福祉論
協同組合論・法律学・経済学・心理学
社会学・社会政策・経済政策・社会保障論
教育学・刑事政策・犯罪学・倫理学
生理衛生学・公衆衛生学・精神衛生学
医学知識・看護学・栄養学

（2000(平成12)年度に大学等に在学した者は、どちらの指定科目でもよい。）

なお、「厚生労働大臣の指定する社会福祉に関する科目」について、以下のとおり読替えができます。

社会福祉法第19条第１項第１号に基づく厚生労働大臣の指定する社会福祉に関する科目の読替えの範囲等の一部改正について（「平成25年３月28日社援発第0328第３号」より）

１．厚生労働大臣の指定する社会福祉に関する科目の読替えの範囲

社会福祉法第19条第１項第１号に基づく厚生労働大臣の指定する社会福祉に関する科目（以下「指定科目」という。）については、「社会福祉主事の資格に関する科目指定」（昭和25年厚生省告示第226号）に定められているところであるが、その科目の読替えの範囲は次のとおりとする。

なお、指定科目の名称及び読替の範囲に掲げる科目の名称（以下「科目名」という。）が次のいずれかに該当する場合については、読替の範囲に該当するものとして取り扱って差し支えない。

（１）科目名の末尾に、「原論」、「（の）原理」、「総論」、「概論」、「概説」、「論」、「法」、「（の）方法」「入門」及び「学」のうち、いずれかの語句又は複数の語句が加わる場合

（２）「社会福祉主事養成機関における授業科目の目標及び内容について」（平成12年９月13日付け社援2074号厚生省社会・援護局長通知）の別添「社会福祉主事養成機関における授業科目の目標及び内容」（以下「シラバス通知」という。）に示す教育内容が全て含まれる場合であって、科目名の末尾に「Ⅰ、Ⅱ」等が加わることにより、複数の科目に区分され、かつ、当該区分された科目の全てを行う場合

（３）（１）及び（２）のいずれにも該当する場合

（例１）「社会政策」に相当する科目を行う場合

・（１）に該当する場合「社会政策論」、「社会政策総論」等でも可。

・（２）に該当する場合「社会政策Ⅰ」及び「社会政策Ⅱ」等でも可。

・（３）に該当する場合「社会政策論Ⅰ」及び「社会政策論Ⅱ」等でも可。

（例２）「介護概論」に相当する科目を行う場合

・（１）に該当する場合「介護福祉原論」、「介護福祉総論」、「介護福祉学総論」等でも可。

・（２）に該当する場合「介護概論Ⅰ」及び「介護概論Ⅱ」等でも可。

・（３）に該当する場合「介護福祉概説Ⅰ」及び「介護福祉概説Ⅱ」等でも可。

科目名	読替えの範囲
社会福祉概論	社会福祉、社会事業、社会保障制度と生活者の健康、現代社会と福祉、社会福祉の原理と政策
社会福祉事業史	①社会福祉事業史、社会福祉発達史、社会事業史、社会福祉の歴史 ②日本社会福祉事業史と西洋社会福祉事業史の２科目
社会福祉援助技術論	①社会福祉援助技術、社会福祉方法、社会事業方法、ソーシャルワーク、相談援助 ②相談援助の基盤と専門職及び相談援助の理論と方法の２科目 ③「ソーシャルワークの基盤と専門職」、「ソーシャルワークの基盤と専門職（専門）」、「ソーシャルワークの理論と方法」「ソーシャルワークの理論と方法（専門）」の４科目
社会福祉調査論	社会調査統計、社会福祉調査、社会福祉統計、社会福祉調査技術、ソーシャルリサーチ、福祉ニーズ調査、社会調査の基礎、社会福祉調査の基礎、社会調査
社会福祉施設経営論	社会福祉施設経営、社会福祉施設運営、ソーシャルアドミニストレーション、社会福祉管理、社会福祉管理運営、福祉サービスの組織と経営
社会福祉行政論	社会福祉行政、社会福祉行財政、福祉行財政、社会福祉法制、社会福祉法、社会福祉計画、ソーシャルプランニング、福祉行財政と福祉計画
社会保障論	社会保障、社会保障制度と生活者の健康、社会保障制度
公的扶助論	公的扶助、生活保護、生活保護制度、低所得者に対する支援と生活保護制度、貧困に対する支援
児童福祉論	①児童福祉、児童家庭福祉、子ども家庭福祉、こども家庭福祉 ②「児童・家庭に対する支援」と「児童・家庭福祉制度」並びに「家庭福祉論」及びその読替の範囲に含まれる科目のいずれかの２科目
家庭福祉論	①家庭福祉、母子福祉、母子寡婦福祉、婦人保護、ファミリーサポート、家族援助 ②「児童・家庭に対する支援」と「児童・家庭福祉制度」並びに「児童福祉論」及びその読替の範囲に含まれる科目のいずれかの２科目
保育理論	保育
身体障害者福祉論	①身体障害者福祉 ②障害者福祉、障害福祉、心身障害者福祉、障害児（・）者福祉（身体障害者福祉と知的障害者福祉を含んでいるものに限っては身体障害者福祉と知的障害者福祉の２科目に該当する。）
知的障害者福祉論	①知的障害者福祉 ②障害者福祉、障害福祉、心身障害者福祉、障害児（・）者福祉（身体障害者福祉論と知的障害者福祉論の内容を全て含んでいるものに限っては身体障害者福祉論と知的障害者福祉論の２科目に該当する。）

科目名	読替えの範囲
精神障害者保健福祉論	精神障害者保健福祉、精神保健福祉、精神衛生、精神保健、精神医学、精神障害者福祉
老人福祉論	老人福祉、高齢者福祉、高齢者保健福祉、高齢者に対する支援と介護保険制度
医療社会事業論	医療社会事業、医療福祉、医療ソーシャルワーク
地域福祉論	地域福祉、協同組合、コミュニティ（ー）ワーク、コミュニティ（ー）オーガニゼーション、地域福祉の理論と方法、地域福祉と包括支援体制、コミュニティ（ー）福祉
法学	法律学、基礎法学
民法	民法総則
行政法	
経済学	経済、基礎経済
社会政策	社会政策、労働経済
経済政策	
心理学	心理、心理学理論と心理的支援、心理学と心理的支援
社会学	社会理論と社会システム、社会学と社会システム
教育学	教育
倫理学	倫理
公衆衛生学	公衆衛生
医学一般	医学知識、医学、医学入門・一般臨床医学、人体の構造と機能及び疾病、人体の構造（・）機能（・）疾病
リハビリテーション論	リハビリテーション、リハビリテーション医学
看護学	看護、基礎看護
介護概論	介護福祉、介護、介護知識、介護の基本
栄養学	栄養、栄養指導、栄養（・）調理、基礎栄養学
家政学	家政

7　社会福祉士

☞ 社会福祉士とは

社会福祉士は、1987（昭和62）年５月に制定された「社会福祉士及び介護福祉士法」で位置付けられた国家資格（名称独占）です。

社会福祉士とは、身体や精神上の障害あるいは環境上の理由などにより、日常生活を営むのに支障がある人や社会生活上の困難を抱えている人に対し、福祉に関する相談や助言、指導、その他援助を行う専門職のための資格です。

社会福祉士の資格をもつ人が働いている職場は、福祉施設・事業所、医療機関（医療ソーシャルワーカー：MSW）、社会福祉協議会、行政機関、司法機関などの分野にわたっています。

受験資格等の詳細については、社会福祉振興・試験センターが作成する『受験の手引』等で必ずご確認ください。

☞ 社会福祉士の資格を取得するためには

社会福祉士の資格を取得するためには、年１回実施される社会福祉士国家試験に合格し、登録しなければなりません。国家試験の受験資格を得るためには、学歴や職歴によって以下の図のような方法があります。

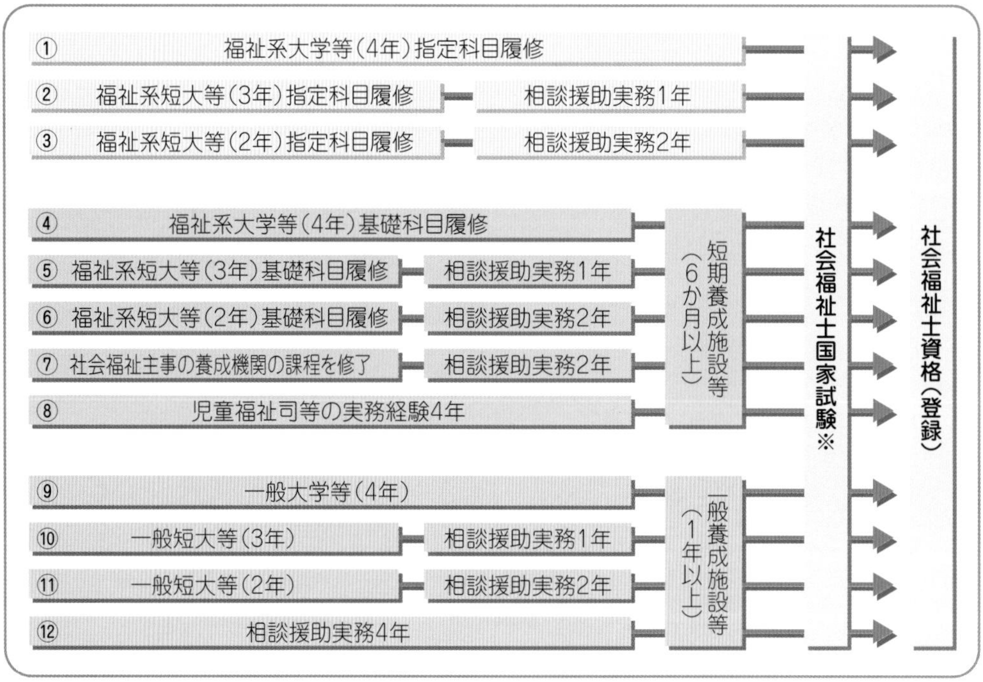

※精神保健福祉士の資格を取得している場合は、試験科目の一部が免除になります。

■社会福祉士国家試験の概要

試　験　日

年１回、２月上旬（例年）

受験申込期間

受験する前年の９月上旬～10月上旬（例年）

試験科目

筆記試験

〈共通科目（11科目）〉

人体の構造と機能及び疾病、心理学理論と心理的支援、社会理論と社会システム、現代社会と福祉、地域福祉の理論と方法、福祉行財政と福祉計画、社会保障、障害者に対する支援と障害者自立支援制度、低所得者に対する支援と生活保護制度、保健医療サービス、権利擁護と成年後見制度

〈専門科目（８科目）〉

社会調査の基礎、相談援助の基盤と専門職、相談援助の理論と方法、福祉サービスの組織と経営、高齢者に対する支援と介護保険制度、児童や家庭に対する支援と児童・家庭福祉制度、就労支援サービス、更生保護制度

合格発表

３月中旬（例年）

社会福祉士養成課程における教育内容等の見直しに伴う試験問題の変更

2021（令和３）年度より、新しいカリキュラムとなり、2024（令和６）年度の第37回試験（令和７年２月）より新たな教育内容に基づく試験内容となることが予定されています。
※ただし、一般養成施設等〔１年〕（短期一般）の新カリキュラム導入は2024（令和６）年より。

■社会福祉士国家試験に関する問い合わせ先

公益財団法人　社会福祉振興・試験センター　試験室

〒150-0002　東京都渋谷区渋谷１-５-６ SEMPOSビル
TEL 03-3486-7521　https://www.sssc.or.jp

国家試験情報専用電話案内

（音声案内、24時間対応）
TEL 03-3486-7559

8　精神保健福祉士

☞ 精神保健福祉士とは

1997（平成９）年12月に「精神保健福祉士法」が制定され、1998（平成10）年４月より創設された国家資格（名称独占）です。精神障害者の保健や福祉に関する専門的知識および技術をもって、精神障害者の社会復帰に向けた相談援助を行う専門職のための資格です。

具体的な職務内容としては、精神障害者の社会復帰に関しての相談、病院などを退院後の住居や再就労の場等についての助言・指導、規則的な生活・金銭の自己管理・その他日常生活への適応のために必要な訓練、家庭や職場・学校との連絡調整や手続きなどを行います。

精神保健福祉士の働く職場としては、精神科ソーシャルワーカー（PSW）として精神病院や精神科デイケアなどの医療施設のほか、障害者総合支援法に基づいて、精神障害のある方へのサービスを提供している事業所などがあげられます。

精神障害者関係事業所については、精神保健福祉士を応募要件とする求人が多くなっています。

☞ 精神保健福祉士の資格を取得するためには

精神保健福祉士の資格を取得するためには、年１回実施される精神保健福祉士国家試験に合格し、登録しなければなりません。

国家試験の受験資格は、大きくわけて以下の図のような方法があります。

なお受験資格等の詳細については、社会福祉振興・試験センターが作成する『受験の手引』等で必ずご確認ください。

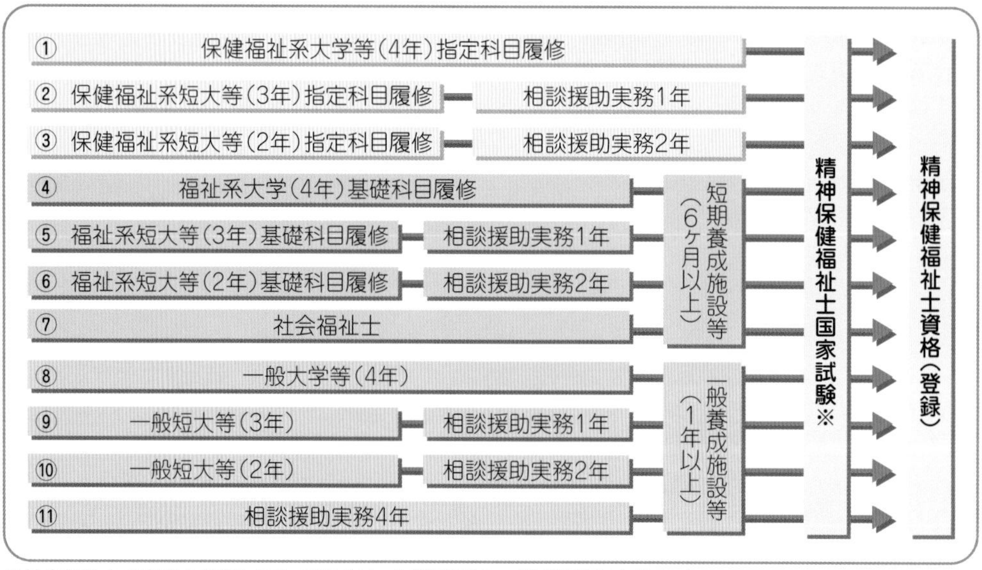

※社会福祉士の資格を取得している場合は、試験科目の一部が免除になります。

■精神保健福祉士国家試験の概要

試 験 日

年１回、２月上旬（例年）

受験申込期間

受験する前年の９月上旬～10月上旬（例年）

試 験 科 目

筆 記 試 験

〈共通科目（11科目）〉

人体の構造と機能及び疾病、心理学理論と心理的支援、社会理論と社会システム、現代社会と福祉、地域福祉の理論と方法、福祉行財政と福祉計画、社会保障、障害者に対する支援と障害者自立支援制度、低所得者に対する支援と生活保護制度、保健医療サービス、権利擁護と成年後見制度

〈専門科目（６科目）〉

精神疾患とその治療、精神保健の課題と支援、精神保健福祉相談援助の基盤、精神保健福祉の理論と相談援助の展開、精神保健福祉に関する制度とサービス、精神障害者の生活支援システム

合 格 発 表

３月中旬（例年）

精神保健福祉士養成課程における教育内容等の見直しに伴う試験問題の変更

2021（令和３）年度より、新しいカリキュラムとなり、2024（令和６）年度の第27回試験（令和７年２月）より新たな教育内容に基づく試験内容となることが予定されています。

※ただし、一般養成施設等〔１年〕（短期一般）の新カリキュラム導入は2024（令和６）年より。

■精神保健福祉士国家試験に関する問い合わせ先

公益財団法人　社会福祉振興・試験センター　試験室

〒150-0002　東京都渋谷区渋谷１-５-６　SEMPOSビル

TEL 03-3486-7521　https://www.sssc.or.jp

国家試験情報専用電話案内

（音声案内、24時間対応）

TEL 03-3486-7559

9　子育て支援員

☞ 子育て支援員とは

子育て支援員は、各自治体が実施する子育て支援員研修を修了し、子育て支援の分野で働く上で必要な知識や技術等を修得したと認められる方のことをいいます。育児経験のある方やブランクのある有資格者、子どもの福祉分野での仕事に関心のある方などに、地域の子ども・子育て支援事業の一端を担っていただこうと創設されました。

☞ 子育て支援員研修を受講するには

子育て支援員研修は、子ども・子育て支援新制度の施行に伴い、2015（平成27）年度に創設された全国共通の研修で、①地域保育コース、②地域子育て支援コース、③放課後児童コース、④社会的養護コースの４つのコースがあります。特に地域保育コースは、小規模保育事業等の「地域型保育」のほか、「一時預かり事業」の担い手を養成するコースとなっています。東京では、「公益財団法人東京都福祉保健財団」等が東京都から事業委託を受けて研修を実施しています。都内在住または在勤の方が対象で、年齢制限はありません。研修参加費は無料です（交通費等一部自己負担はあります）。日程等の具体的な内容は、検索サイトで「東京都子育て支援員研修」と検索してお確かめください。

■子育て支援員制度に関する問い合わせ先

東京都福祉局　子供・子育て支援部　企画課　子供・子育て支援担当
〒163-8001　東京都新宿区西新宿２-８-１　第１本庁舎　28階
TEL 03-5320-4121

■子育て支援員研修（地域保育コース）に関する問い合わせ先

公益財団法人　東京都福祉保健財団　人材養成部　福祉人材養成室　子育て支援員担当
〒163-0718　東京都新宿区西新宿２-７-１　小田急第一生命ビル　18階・19階
TEL 03-3344-8533

■子育て支援員研修（地域子育て支援コース、放課後児童コース、社会的養護コース）に関する問い合わせ先

株式会社東京リーガルマインド　福祉支援本部　東京都子育て支援員研修事務局
〒164-0001　東京都中野区中野4-11-10
TEL 03-5913-6225

10　児童指導員任用資格

☞ 児童指導員任用資格とは

児童養護施設や障害児施設などの児童福祉施設に配置されている児童指導員として配置されるに伴って求められる資格です。

児童指導員が配置される施設には、何らかの事情で親元を離れて暮らす子供が入所する児童養護施設、また知的障害や身体に障害を持った子供たちのための障害児施設・事業（障害児通所支援・障害児入所施設）があげられます。

児童指導員の仕事は、児童福祉施設などにおいて、０歳～18歳までの児童の成長を援助するとともに、基本的な生活習慣や学習の指導、生活上のアドバイスなどを行います。東京の児童福祉施設などでは直接子供たちを援助する仕事に携わる職種の場合、この児童指導員任用資格か保育士資格のいずれかが必須条件となっているところがほとんどです。

☞ 児童指導員任用資格を取得するためには

次のいずれかに該当すれば、要件を満たします（参考：児童福祉施設の設備及び運営に関する基準）。

(1)都道府県知事の指定する児童福祉施設の職員を養成する学校（※実際は指定は行われていません）またはその他の養成施設を卒業

(2)社会福祉士

(3)精神保健福祉士

(4)大学（短大を除く、以下同じ）において、社会福祉学、心理学、教育学若しくは社会学を専修する学科又はこれらに相当する過程を修めて卒業

(5)大学において、社会福祉学、心理学、教育学又は社会学に関する科目の単位を優秀な成績で修得したことにより、大学院への入学を認められた者

(6)大学院において、社会福祉学、心理学、教育学若しくは社会学を専攻する研究科又はこれらに相当する課程を修めて卒業

(7)外国の大学において、社会福祉学、心理学、教育学若しくは社会学を専修する学科又はこれらに相当する課程を修めて卒業した者

(8)高等学校若しくは中等教育学校を卒業、大学への入学を認められた者若しくは通常の課程による十二年の学校教育を修了した者（通常の課程以外の課程によりこれに相当する学校教育を修了した者を含む。）又は文部科学大臣がこれと同等以上の資格を有すると認定した者であつて、二年以上児童福祉事業に従事したもの

(9)幼稚園、小学校、中学校、義務教育学校、高等学校又は中等教育学校の教諭の免許状を有する者であつて、都道府県知事が適当と認めたもの

(10)三年以上児童福祉事業に従事した者であつて、都道府県知事が適当と認めたもの

なお、福祉系の大学等を卒業した場合には、児童指導員任用資格証明書が発行される場合がありますが、一般大学の場合には、卒業証明書と成績証明書で資格を確認することになります。

児童福祉施設職員養成施設

●国立障害者リハビリテーションセンター学院
児童指導員科（発達障害支援者養成）
〒359-8555　埼玉県所沢市並木４-１
TEL　04-2995-3100（代）

●国立武蔵野学院付属人材育成センター養成部全日過程
〒336-0963
埼玉県さいたま市緑区大字大門1030
TEL　048-878-1260

※上記以外にも児童指導員養成を行っている大学・短大・専門学校があります。

11　保育士

☞ 保育士とは

保育士は専門的知識と技術をもって、地域の子育ての中核を担うことを期待されている専門職です。1948（昭和23）年に保母資格として誕生し、1999（平成11）年４月から保育士という名称になりました。

また、2001（平成13）年11月に児童福祉法が改正されたことにより、名称独占の国家資格となりました（2003（平成15）年11月施行）。

保育士は、児童福祉施設全般で求められる資格で、保育所や児童養護施設、乳児院、障害児事業・施設などで、乳幼児や学童等の成長を援助し、一人ひとりの子供や親（保護者）の状況を把握しながら、必要な保育や適切なアドバイスを行います。

☞ 保育士資格を取得するためには

保育士資格を取得するためには、厚生労働大臣の指定する保育士を養成する学校または養成施設を卒業して取得する方法と、保育士試験に合格して取得する方法があります。

保育士養成校には、①大学、②短大、③専門学校、④保育士養成施設があり、昼間部・夜間部・通信制があります。

保育士試験を受験する場合の受験資格には、⑤短大卒以上、または高校卒業後専修学校（修業年限２年以上）を卒業した者、⑥高校卒業後２年以上児童福祉施設で児童の保護に従事した者などがあります。

その他にも受験資格が認められる場合がありますので、詳細については保育士試験事務センターにお問い合わせください。

また、保育士と称して保育の業務にあたるためには、養成校を卒業、あるいは保育士試験に合格した上で、都道府県の保育士登録簿に登録し、保育士証の交付を受ける必要があります。保育士登録の照会は、登録事務処理センター（55ページ）までご連絡ください。

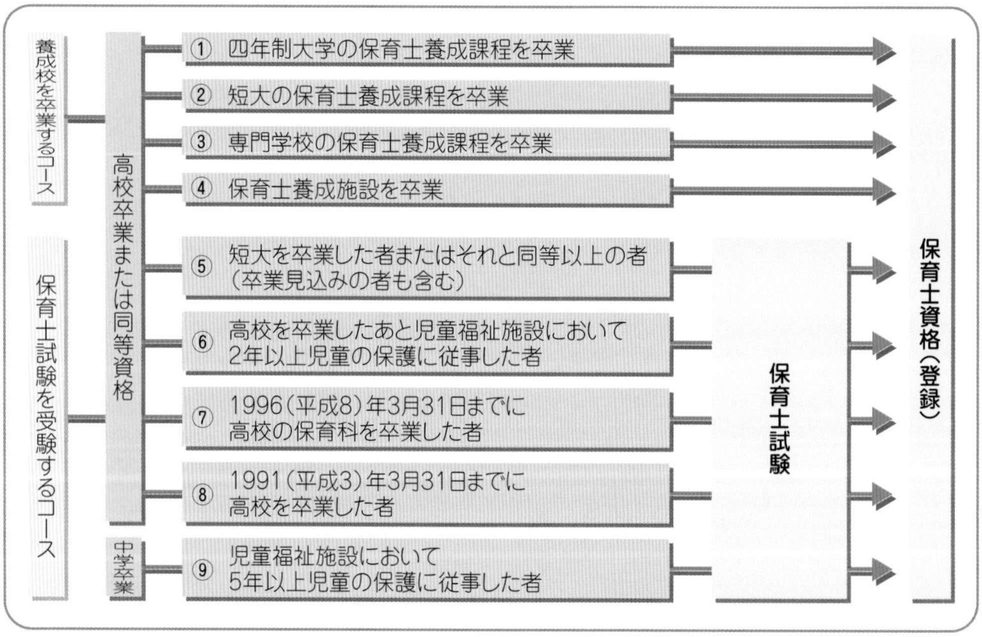

■保育士試験の概要

受験日程（例年）

	受験申込	筆記試験	実技試験	合格発表
前期	1月	4月	7月	8月
後期	7月	10月	12月	1月

試験科目

筆記試験

保育原理、教育原理および社会的養護、子ども家庭福祉、社会福祉、保育の心理学、子どもの保健、子どもの食と栄養、保育実習理論

（なお、幼稚園教諭免許所有者は、免除申請をすることにより、「保育の心理学」、「教育原理」、「実技試験」が免除になるほか、指定保育士養成施設における科目履修等により筆記試験が免除となる科目があります。）

実技試験

筆記試験全科目合格者を対象に実施。

音楽・造形・言語に関する技術の3分野から2分野を選択して受験（幼稚園教諭免許所有者を除く）

筆記試験合格科目における合格科目免除期間延長制度

通常3年間の合格科目の有効期間を対象施設において対象期間内に一定の勤務期間及び勤務時間、児童等の保育に従事した場合、最長5年まで延長できます。

■保育士試験に関する問い合わせ先

一般社団法人　全国保育士養成協議会
保育士試験事務センター

〒171-8536
東京都豊島区高田3-19-10
TEL 0120-4194-82
平日　9:30～17:30
https://www.hoyokyo.or.jp

■保育士登録に関する問い合わせ先

都道府県知事委託 保育士登録機関
登録事務処理センター（社会福祉法人　日本保育協会）
〒102-0083
東京都千代田区麹町1-6-2　アーバンネット麹町ビル6階
登録案内専用電話　03-3262-1080
肉声案内：平日　9:00～17:00　　音声案内：終日
https://www.nippo.or.jp/hoikushi

12　保育教諭

☞ 保育教諭とは

2012（平成24）年８月に改正成立した「就学前の子どもに関する教育、保育等の総合的な提供の推進に関する法律」（通称：認定こども園法）により創設された幼保連携型認定こども園に配置される職員です。幼保連携型認定こども園は、学校教育と保育を一体的に提供する施設であるため、保育教諭は、「保育士資格」と「幼稚園教諭免許状」の両方の免許・資格を有する必要があります。

☞ 特例制度で保育教諭を取得するためには

新たな「幼保連携型認定こども園」への円滑な移行を進めるため、改正認定こども園法の施行後10年間（2015～2024（平成27～令和６）年度末まで）は、「幼稚園教諭免許状」又は「保育士資格」のいずれかを有していれば、「保育教諭」として勤務できる経過措置が設けられています。ただし、この経過措置期間にもう一方の免許・資格を取得する必要があります。

1　保育士資格取得者で特例制度※を利用できる方

下記の施設で３年かつ4,320時間の実務経験を有する者（過去に就労していた者も可）

①認定こども園における保育士
②認可保育所における保育士
③幼稚園併設型認可外保育施設における保育士
④へき地保育所における保育士
⑤認可外指導監督基準を満たす認可外保育施設（基準を満たしている旨都道府県の証明が必要）における保育士
⑥幼稚園（特別支援学級の幼稚部を含む）において「専ら幼児の保育に従事する職員」（預かり保育を担当、学級担任の補助職員など）

2　取得できる幼稚園教諭免許状の種類（対象者）

１種（学士で保育士資格取得者）	２種（保育士資格取得者）

3　履修する法定科目名と単位数

幼稚園教諭１種免許状、２種免許状の認定課程を設けている大学等で、通常、１種（大学）59単位、２種（短大）39単位が必要のところを８単位履修することで保育教諭資格が得られます。

1	教職の意義及び教員の役割 教員の職務内容	２単位
2	教育に関する社会的、制度的または経営的事項	２単位
3	教育課程の意義及び編成の方法	１単位
4	保育内容の指導法 教育の方法及び技術	２単位
5	幼児理解の理論及び方法	１単位
	計	８単位

※令和５年度より新たな特例措置が設けられています。詳細は、東京都教育委員会ホームページでご確認ください。

13　栄養士

☞ 栄養士とは

栄養士は、栄養バランスのとれた献立を作成する食事管理などの栄養指導を通して、健康保持・増進、疾病の予防をすすめる専門職です。

社会福祉施設の多くが、利用者に食事を提供していますので栄養士が必要です。社会福祉施設では、献立の作成、食材の発注、調理員への栄養に関する知識の向上などの指導、給食施設の衛生管理、さらには個々の利用者の状態に応じた献立作成、栄養指導などが仕事の内容となってきます。ただし、調理を外注したり、小規模施設の場合には他の施設等との兼務の場合があります。

☞ 栄養士の資格を取得するためには

栄養士の資格を取得するためには、厚生労働大臣の指定する栄養士養成校で所定の課程を履修し、都道府県に申請することが必要です。栄養士養成校には、大学、短大、専門学校があります。

また、実務経験１～３年を経て、管理栄養士の国家資格を受けることができます。（四年制の養成施設を卒業した場合には実務経験がなくても受験可）

■管理栄養士国家試験に関する問い合わせ先

厚生労働省管理栄養士国家試験運営本部事務所
〒135-0063　東京都江東区有明３丁目６番11号　TFTビル東館７階
TEL 03-5579-6903

14　調理師

☞ 調理師とは

調理師免許は、調理の業務にあたる者の専門資格です。社会福祉施設の多くは利用者に食事を提供していますので、調理を担う人が必要です。

社会福祉施設においては、栄養士の作成した献立に基づき、利用者のための実際の食事づくりにあたります。栄養士と協力しながら、個々の利用者の状況に合わせた食事づくりをするのも社会福祉施設における調理師の仕事の特徴です。ただし、調理そのものを外注している場合もあります。調理師の資格はなくても調理の仕事を行うことはできますが、調理師免許を条件にした求人も多くなっています。

☞ 調理師免許を取得するためには

調理師免許は、厚生労働大臣の指定する調理師養成校で所定の課程を履修し卒業すれば与えられます。養成校には、調理師科のある高校、専門学校（昼間１年、夜間１年半）、短大別科（昼間１年）などがあります。

また、飲食店などを含め定められた施設で２年以上の調理経験を積めば、都道府県が行う調理師試験を受験することができます。

■東京都調理師試験に関する問い合わせ先

公益社団法人調理技術技能センター　調理師試験担当
〒103-0012　東京都中央区日本橋堀留町２-８-５　JACCビル５階
TEL 03-3667-1815

15　理学療法士

☞ 理学療法士とは

理学療法士はPT（Physical Therapist）と呼ばれます。ケガや病気などで身体的に障害のある人や障害の発生が予測される人に対して、基本動作能力（座る、立つ、歩くなど）の回復や維持、および障害の悪化の予防のために、運動療法や日常生活動作訓練、温熱・水・電気などを利用した物理療法などの理学療法を用いて、機能障害や能力障害を改善するためのリハビリテーションを行います。

1965（昭和40）年に理学療法士及び作業療法士法が制定され、理学療法士と作業療法士が国家資格として制定されました。

☞ 理学療法士の資格を取得するためには

理学療法士の資格を取得するためには、高校卒業後、理学療法士養成校または養成施設において、３年以上理学療法士としての専門知識や技能を修得し、国家試験に合格しなければなりません。

養成校は、全国に四年制大学、三年制短期大学、四年制専門学校、三年制専門学校があります（通信制の養成校はありません）。

■理学療法士国家試験に関する問い合わせ先

厚生労働省理学療法士国家試験運営本部事務所

〒135-0063　東京都江東区有明３丁目６番11号　TFTビル東館７階

TEL 03-5579-6903

16　作業療法士

☞ 作業療法士とは

作業療法士はOT（Occupational Therapist）と呼ばれます。身体障害、発達障害、老年期障害などをもつ人やそれが予測される人に対して、主体的な生活の獲得を図るため、諸機能の回復や維持、開発を促す作業活動を用いてリハビリテーションを行う専門職のための国家資格です。

☞ 作業療法士の資格を取得するためには

作業療法士の資格を取得するためには、高校卒業後、作業療法士養成校または養成施設において、３年以上作業療法士としての専門知識や技能を修得し、国家試験に合格しなければなりません。

養成校は、全国に四年制大学、三年制短期大学、四年制の専門学校、三年制専門学校があります（通信制の養成校はありません）。

■作業療法士国家試験に関する問い合わせ先

厚生労働省作業療法士国家試験運営本部事務所

〒135-0063　東京都江東区有明３丁目６番11号　TFTビル東館７階

TEL 03-5579-6903

17　言語聴覚士

☞ 言語聴覚士とは

言語聴覚士はST（Speech-Language-Hearing Therapist）と呼ばれます。何らかの原因で言語障害や難聴、失語症、言語発達遅滞など言語機能や聴覚に障害をもつ人に対して、専門的な知識をもとに訓練や検査、助言、指導を行い、機能回復や障害の軽減を図る専門職のための国家資格です。

☞ 言語聴覚士の資格を取得するためには

言語聴覚士の資格を取得するためには、高校を卒業後、大学・短大・指定養成所などで、言語聴覚士として必要な知識及び技能を修得し、国家試験に合格することが必要です。

受験資格を得る主要なルートは、高校卒業後、四年制大学、三年制短大、指定養成所（三年または四年制）で必要な知識および技能を修得して卒業するか、四年制大学卒業者の場合は、養成所（二年制の専修学校）で必要な知識および技能を習得して卒業することが必要です。

■言語聴覚士国家試験に関する問い合わせ先

公益財団法人　医療研修推進財団　試験登録部
〒105-0003　東京都港区西新橋１-６-11　西新橋光和ビル７階
TEL 03-3501-6515

18　視能訓練士

☞ 視能訓練士とは

視能訓練士は、視力の機能に障害をもつ人に、機能回復のための視能検査、視能矯正訓練、健診業務、リハビリ指導を行う専門職のための国家資格です。

多くは、病院やリハビリテーションセンターなどの医療機関で働いています。

☞ 視能訓練士になるためには

視能訓練士資格を習得するためには、厚生労働大臣が行う試験に合格する必要があります。

主な受験資格は、高校卒業後、指定養成所で３年以上視能訓練士として必要な知識、技能を習得するか、大学や看護学校などの養成所で２年以上修業し、指定科目を修めた後、指定養成所で１年以上視能訓練士として必要な知識、技能を習得することが必要です。

■視能訓練士試験に関する問い合わせ先

厚生労働省視能訓練士国家試験運営本部事務所
〒135-0063　東京都江東区有明３丁目６番11号　TFTビル東館７階
TEL 03-5579-6903

19　義肢装具士

☞ 義肢装具士とは

義肢装具士は、なんらかの障害で、手や足の一部または全部を失った人や、四肢・体幹に障害を受けた人たちに対して、義肢や装具を適合させ、利用者が日常生活を送る上で必要な機能の回復を図ることを目的とした国家資格です。

義肢装具士の大半は、民間の義肢装具制作施設に所属し、病院やリハビリテーション施設等に出向き業務を行うのが一般的です。

☞ 義肢装具士の資格を取得するためには

義肢装具士の資格を取得するためには、文部科学大臣が指定した大学、または厚生労働大臣が指定した義肢装具士養成所において３年以上義肢装具士としての知識及び技能を修得するなどし、国家試験に合格することが必要です。

■義肢装具士国家試験に関する問い合わせ先

公益財団法人　テクノエイド協会

〒162-0823　東京都新宿区神楽河岸１-１　セントラルプラザ４階
TEL 03-3266-6882

20　福祉用具専門相談員

☞ 福祉用具専門相談員とは

福祉用具専門相談員は、介護保険の指定を受けた福祉用具貸与・販売事業所に２人以上の配置が義務付けられています。主な業務は、①福祉用具の選び方の相談、②福祉用具サービス計画の立案、③福祉用具の適合調整・取扱説明、④利用者宅を訪問し、福祉用具の点検・使用状況の確認などを行います。

☞ 福祉用具専門相談員の資格を取得するためには

保健師、看護師、准看護師、理学療法士、作業療法士、社会福祉士、介護福祉士、義肢装具士の国家資格のある方。または、都道府県の指定を受けた研修事業者が実施している「福祉用具専門相談員指定講習」を受講し、50時間の講習を修了する必要があります。受講のための資格要件はありません。

■東京都における指定講習会開催の情報

検索サイトで「**福祉用具専門相談員指定講習会　東京都**」と検索してください。また、東京都福祉局のホームページで「**高齢者**」→「**介護保険**」→「**東京都介護サービス情報**」→「**都内の指定事業者の情報**」と順に辿ると、福祉用具専門相談員指定講習会の実施事業者一覧が掲載されています。

21　手話通訳士

☞ 手話通訳士とは

手話を通じて、耳が不自由な聴覚障害者と聞こえる人とのコミュニケーションを援助する役割を担うのが手話通訳士です。手話通訳士には、さまざまなことを理解する知識や高い通訳技術が求められます。

手話通訳士の多くは別の仕事に就きながら、ボランティアとして活動していますが、最近では、行政機関の窓口など公的機関などで手話通訳士を採用するところもでてきています。

☞ 手話通訳士の資格を取得するために

手話通訳士は、厚生労働大臣の認定する公的資格で、資格を取得するためには、手話通訳士の認定試験を受け合格することが必要です。受験資格は、20歳以上です。

■手話通訳技能認定試験に関する問い合わせ先

社会福祉法人　聴力障害者情報文化センター公益支援部門
〒153-0053　東京都目黒区五本木１-８-３
TEL 03-6833-5003

22　盲導犬など補助犬の訓練士

☞ 盲導犬など補助犬の訓練士とは

視覚障害者が社会生活を送る上で歩行の支えとなる盲導犬の訓練・育成を行うとともに、利用者が犬をうまく扱えるよう、路上歩行訓練などを行うのが盲導犬訓練士の仕事です。盲導犬訓練士の資格は、個人でなく法人に与えられるため、盲導犬訓練施設に採用され全国にある盲導犬の訓練にあたる者に与えられます。

また、2002（平成14）年10月より身体障害者補助犬法が施行されており盲導犬のほか、介助犬、聴導犬が補助犬として位置づけられており、介助犬、聴導犬についても訓練を行う仕事があります。

■補助犬の訓練施設・事業者等の情報

厚生労働省ホームページで**「政策について」**→**「分野別の政策一覧」**→**「福祉・介護」**→**「障害者福祉」**→**「施策情報」**→**「身体障害者補助犬」**と順に辿ると、各種情報が掲載されています。

23　公認心理師

☞ 公認心理師とは

公認心理師国家試験に合格し、公認心理師登録簿に登録した後に、公認心理師の名称を用いて、保健医療、福祉、教育等の分野で、心理学に関する専門的知識や技術を用いて、①心理状態の観察、その結果の分析、②心理に関する相談、助言、指導、③関係者への相談、助言、指導、④心の健康に関する知識の普及を図るための教育・情報提供を行います。

☞ 公認心理師を取得するには

主な受験資格は、

①大学で指定の心理学等の科目を修め、かつ大学院で指定の科目を修めその課程を修了

②大学で指定の科目を修め、卒業後２年以上の実務経験

③その他、公認心理師法施行（2017年９月15日）以前の入学者、修了者むけにさまざまな受験資格があります。詳細はホームページ等で確認してください。

■公認心理師に関する問い合わせ先

一般財団法人　日本心理研修センター

〒112-0006　東京都文京区小日向４－５－16　ツインヒルズ茗荷谷10階

TEL 03-6912-2655

第 3 章

福祉の求人の特徴

東京都福祉人材センターでは常時2,000件程度の求人[※1]を扱っています。福祉業界の有効求人倍率[※2]は全産業と比較すると高く、その中でも東京都は特に有効求人倍率が高いという特徴があります。

この章では、東京都福祉人材センターが扱った求人を基に、福祉分野における求人の現状と傾向を紹介します。

※1　2022（令和４）年度統計より

※2　登録されている有効求職者に対する有効求人数の割合。有効求人倍率が高いほど、事業所がより多くの人を求めている状態。

1 データから見る求人の現状や傾向

まず、2022（令和４）年４月１日～2023（令和５）年３月31日までに、東京都福祉人材センターが受理した求人の「有効求人数[※1]」から求人の現状や傾向を見てみたいと思います。

(1) 雇用形態別

雇用形態別では、「正規職員」とそれ以外の「常勤」「非常勤・パート」を比較すると、ほぼ半々の割合となっています。

2022（令和４）年度　雇用形態別有効求人数（１か月平均）

雇用形態	有効求人数（1か月平均）	
正規職員	2,249	(58.4%)
常勤（正規以外）	288	(7.5%)
非常勤・パート	1,312	(34.1%)
合計	3,849	(100.0%)

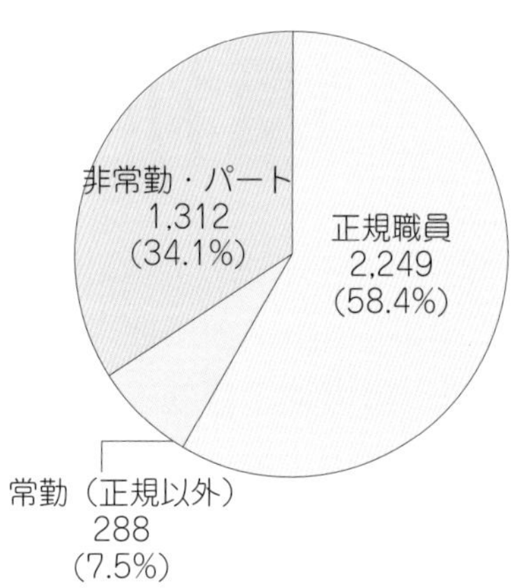

(2) 経営主体別

経営主体は、株式会社等の「営利法人」が最も多く、次いで「社会福祉法人（社協[※2]以外）」となっています。

2022（令和４）年度　設置主体別有効求人数（１か月平均）

経営主体	有効求人数（１か月平均）	
社会福祉法人（社協以外）	1,390	(40.2%)
社会福祉協議会	71	(2.0%)
医療法人	135	(3.9%)
その他公益法人・団体等	246	(7.1%)
営利法人	1,396	(40.4%)
NPO	220	(6.4%)
合計	3,458	(100.0%)

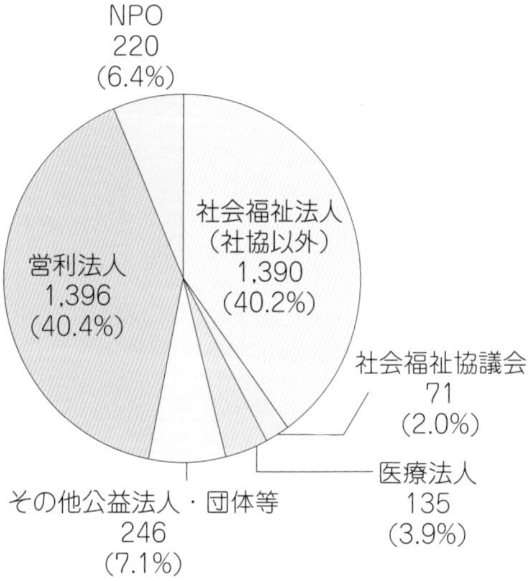

※１　有効求人数：東京都福祉人材センターが運用する求人情報サイト「福祉のお仕事」（最終ページ）利用統計によります。

※２　社協：社会福祉協議会

(3) 分野別

分野別では、高齢者分野が約５割を占めています。続いて、児童分野、障害者分野（身体・知的・精神障害者）となっています。

東京では他県に比べて児童分野の割合が高くなっています。これは主に保育園での保育士の求人数が多いこと等によるものです。

2022（令和４）年度　分野別有効求人数（１か月平均）

分野	有効求人数（１か月平均）
高齢者	1,905　(46.1%)
障害者	868　(21.0%)
児童	1,148　(27.8%)
その他福祉	213　(5.1%)
合計	4,134　(100.0%)

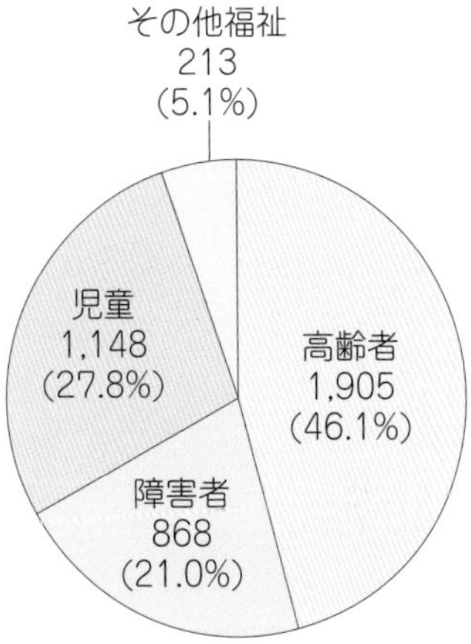

コラム

指定管理者制度って何？

指定管理者制度とは、2003（平成15）年に地方自治法が一部改正されて出来た制度です。「官」から「民」へという大きな流れを受けた制度で、条例に定めるところにより「法人その他の団体」（企業やNPO等）を指定して「公の施設」（公園、病院、学校、博物館、図書館、保育所、公民館等）を管理する制度です。

例えば、行政直営で行ってきた○○市学童クラブの運営を、株式会社○○が実施するような形となります。この場合、学童クラブは○○市設置の事業ですが、そこで働いている人は公務員ではなく株式会社○○の社員という形になります。

人材センターで取り扱う求人の中にもこの形態があります。よく理解した上で応募しましょう。

(4) 職種別

職種別では、求人の約４割が介護系（介護職・ホームヘルパー）の募集となっています。

雇用形態で比較してみると、正規職員のほうが正規職員以外（常勤・非常勤・パート）より求人が多いのは、「相談・支援・指導員」「介護支援専門員」「保育士」「看護職」「栄養士」「管理職」「サービス提供責任者等」です。

2022（令和４）年度職種別有効求人数（１か月平均）

職　種	正規職員		常勤（正規以外）		非常勤・パート		合計	
介護職（ヘルパー以外）	523	(23.3%)	118	(40.9%)	279	(21.3%)	921	(23.9%)
介護補助（介護助手）	1	(0.1%)	0	(0.0%)	8	(0.6%)	9	(0.2%)
相談・支援・指導員（施設）	409	(18.2%)	60	(20.9%)	272	(20.7%)	741	(19.2%)
相談・支援・指導員（相談支援機関等）	25	(1.1%)	6	(2.0%)	36	(2.7%)	66	(1.7%)
介護支援専門員	119	(5.3%)	6	(2.2%)	20	(1.5%)	145	(3.8%)
ホームヘルパー	130	(5.8%)	22	(7.6%)	290	(22.1%)	441	(11.5%)
保育士	732	(32.6%)	22	(7.8%)	184	(14.1%)	939	(24.4%)
保育補助	3	(0.1%)	0	(0.1%)	24	(1.8%)	27	(0.7%)
社会福祉協議会専門員	13	(0.6%)	6	(2.0%)	7	(0.5%)	26	(0.7%)
セラピスト	37	(1.6%)	3	(1.0%)	33	(2.5%)	72	(1.9%)
看護職	111	(4.9%)	13	(4.3%)	57	(4.4%)	181	(4.7%)
事務職	22	(1.0%)	19	(6.7%)	17	(1.3%)	59	(1.5%)
栄養士	16	(0.7%)	2	(0.6%)	4	(0.3%)	21	(0.6%)
調理員	23	(1.0%)	4	(1.3%)	26	(2.0%)	53	(1.4%)
管理職	10	(0.4%)	1	(0.2%)	0	(0.0%)	10	(0.3%)
サービス提供責任者等	70	(3.1%)	3	(1.1%)	4	(0.3%)	77	(2.0%)
その他	6	(0.2%)	4	(1.3%)	52	(3.9%)	61	(1.5%)
合計	2,249	(100.0%)	288	(100.0%)	1,312	(100.0%)	3849	(100.0%)

※生活相談員、生活支援員、生活指導員

2022（令和４）年度　職種別有効求人数　正規職員（東京）（１か月平均）

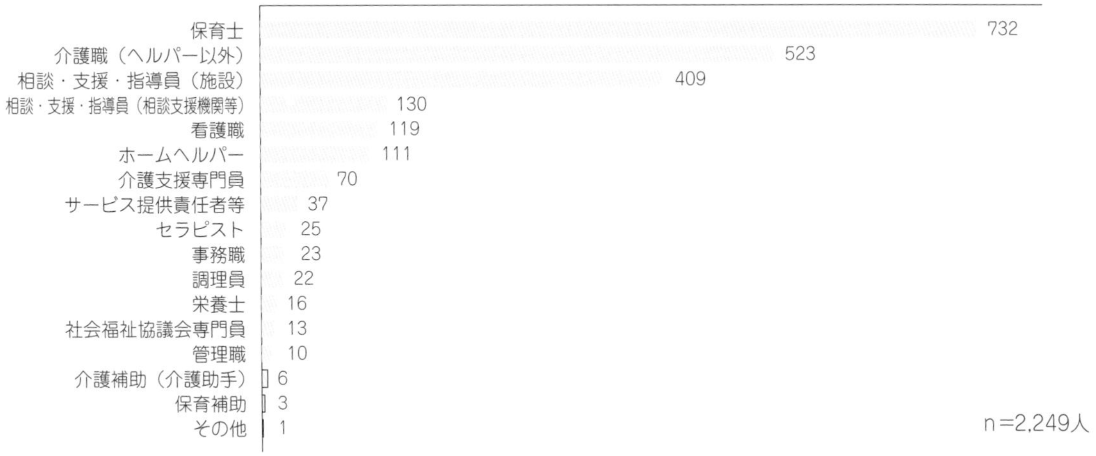

2022（令和４）年度　職種別有効求人数　常勤（正規以外）（東京）（１か月平均）

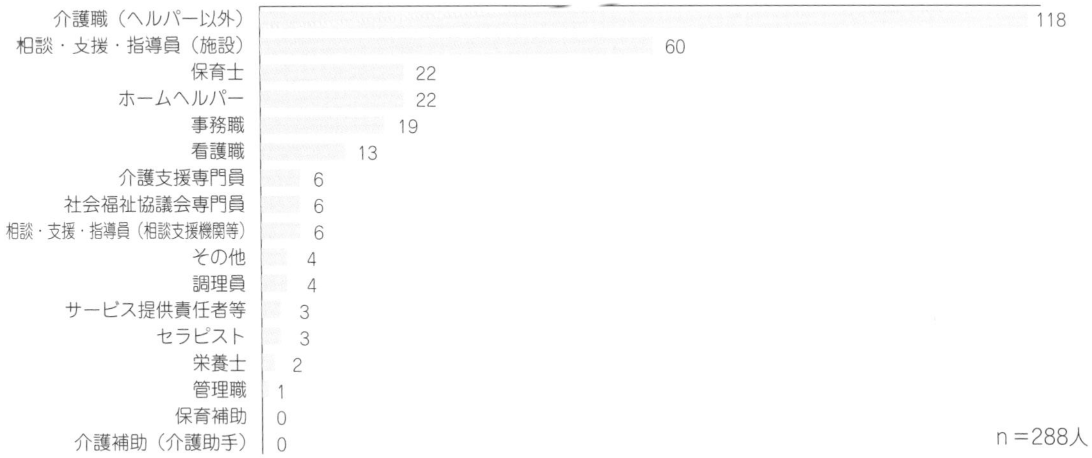

2022（令和４）年度　職種別有効求人数　非常勤・パート（東京）（１か月平均）

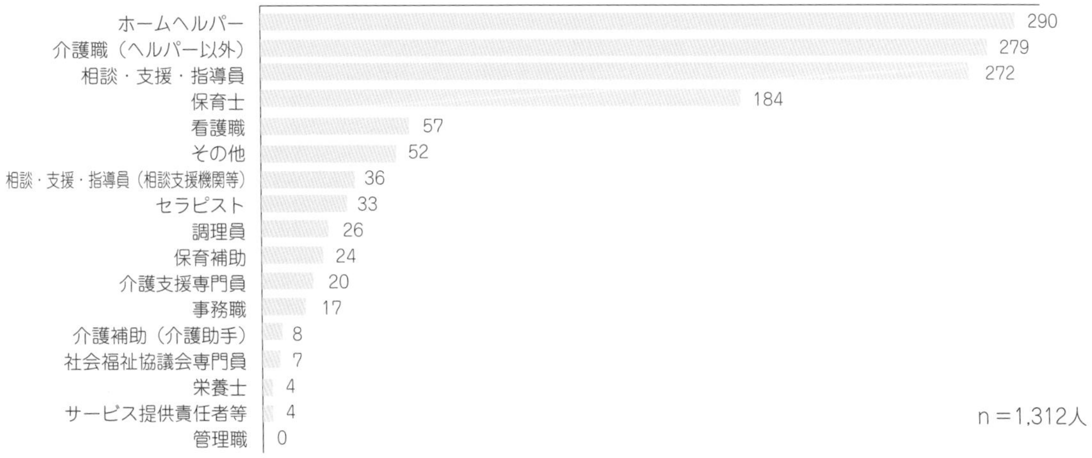

※各項目の数値は小数点以下切上げのため、合計数（ｎ）と異なる場合がある。

2 福祉職場の求人の特徴

(1) 職員募集の時期

社会福祉事業、介護保険事業を運営する事業所は、定期採用がない場合があります。それぞれの事業所の職員定数が多くない状況に加え、職員の定数が国や都道府県の基準で定められているためです。

一般的には、①在籍している職員の退職、②職員の増員（事業拡張・新規開設）のいずれかの理由が生じて（あるいは見越して）職員募集が行われます。年度途中に欠員が生じた場合には、その時点で募集をし、随時採用することになります。

既卒者は、年間を通じて「随時採用」の求人に応募することができますが、新卒予定者の場合は、通常次年度４月１日以降の採用予定求人に応募することになりますので、一般企業への就職活動と比べて就職が決まる時期は全体的に遅くなる傾向にあります。しかし、昨今の若年人口の減少や人手不足の高まりから、早い時期から採用活動を行う法人が増える傾向にあります。

■2023（令和５）年３月卒業の学生が応募できた分野（職種）ごとの正規職員求人数

上段：求人件数
下段：求人人数（太字）

月	高齢福祉分野		障害福祉分野				児童福祉分野				
	介護職	相談員	身体	知的	精神	障害複合	障害児	児童養護	保育所	母子乳児	児童館学童
			介護職・相談員・指導員等				放課後等デイサービスを含む	保育士・児童指導員用等		指導員・保育士等	児童指導員等
2022.4	79	9	0	11	15	17	16	1	45	2	7
	161	**11**	**0**	**117**	**18**	**132**	**23**	**100**	**100**	**5**	**25**
5	101	19	1	16	21	20	5	10	72	5	2
	238	**23**	**1**	**23**	**26**	**26**	**19**	**35**	**144**	**12**	**8**
6	86	11	3	11	15	47	15	4	48	7	7
	176	**12**	**9**	**16**	**18**	**94**	**17**	**10**	**238**	**23**	**24**
7	76	5	2	11	13	14	14	1	35	1	5
	168	**5**	**2**	**19**	**16**	**25**	**27**	**5**	**72**	**6**	**16**
8	72	12	0	11	22	25	10	8	89	4	4
	177	**16**	**0**	**13**	**25**	**34**	**23**	**40**	**154**	**6**	**9**
9	91	14	1	22	21	37	18	6	41	16	3
	180	**14**	**1**	**32**	**29**	**55**	**22**	**21**	**238**	**25**	**11**
10	72	10	4	22	13	12	11	2	32	1	3
	142	**13**	**8**	**32**	**15**	**23**	**16**	**7**	**71**	**1**	**14**
11	59	12	2	20	14	18	10	14	92	2	5
	163	**16**	**2**	**51**	**18**	**36**	**26**	**49**	**163**	**2**	**16**
12	117	10	2	23	17	25	15	6	49	12	2
	306	**13**	**2**	**39**	**21**	**35**	**15**	**8**	**257**	**22**	**6**
2023.1	71	6	2	29	18	12	8	1	37	8	8
	141	**8**	**8**	**40**	**25**	**35**	**9**	**3**	**82**	**17**	**25**
2	56	8	6	31	20	27	10	8	42	3	4
	153	**9**	**12**	**46**	**29**	**54**	**28**	**36**	**97**	**7**	**7**
3	72	15	2	31	18	26	16	3	38	4	0
	220	**20**	**2**	**47**	**24**	**79**	**23**	**4**	**223**	**4**	**0**
小計	952	131	25	238	207	280	148	64	620	65	50
	2,225	**160**	**47**	**475**	**264**	**628**	**248**	**318**	**1,839**	**130**	**161**

※１　「保護」の項目には、救護施設・更生施設・婦人保護施設等の求人数を含んでいます。

※２　「その他」の項目は無料定額診療施設、法人本部、その他の福祉施設・事業所、福祉事務所、児童相談所等における相談・支援・指導員等の求人数です。

(2) 求人の倍率

求職者側から見た応募のしやすさは、求人倍率（求人数を求職者数で割って得る数）から分かります。一般的に求人倍率が高ければ就職しやすく、求人倍率が低ければ就職しにくいと言えます。

2022（令和４）年度の東京都福祉人材センター全体の求人倍率は2.86（前年度3.00）となっており、正規・非正規の求人を合計すると一人当たり約３件の求人があることが分かります。福祉の分野は全産業の中で比べると人手不足の業界の一つと言えます。

学生で当該年度卒業の場合は、「新卒応募可」の求人から、既卒の方は「随時採用」を含めて応募可能となります。

「新卒応募可」の求人は応募期間も長く、応募者も多くなることから倍率が高くなることがあります。

一方、欠員補充が主の「随時採用」求人は、採用があればすぐに募集終了となります。

求人倍率は分野、職種、雇用形態でも大きく異なることから、福祉人材センターに相談しながら応募求人を探していくことが有効です。

保護※1	社協	医療系専門職			その他※2		
救護施設他	社協専門員 事務職 相談員等	栄養士 調理員	OT PT ST	保健師 看護職	相談員等	事務職	合計 ※3
3	5	4	3	20	3	7	247
4	8	4	3	23	5	8	747
0	2	9	8	13	3	3	310
0	3	12	15	26	5	3	619
1	4	4	9	10	3	3	288
15	7	4	10	11	4	4	692
3	8	6	0	9	2	6	211
5	11	6	0	11	4	6	404
0	2	10	8	7	4	3	291
0	6	13	15	18	4	7	560
0	7	5	4	11	1	3	301
0	11	5	5	14	1	3	667
0	9	6	2	14	4	5	222
0	17	6	3	17	5	5	395
0	6	10	8	9	6	8	295
0	13	11	14	20	12	12	624
0	10	9	7	13	3	3	323
0	18	13	8	18	3	3	787
0	10	11	5	12	6	5	249
0	18	13	6	14	10	5	459
1	4	8	9	14	5	6	262
2	5	10	9	26	7	7	544
0	6	5	8	9	1	2	256
0	11	5	8	11	1	4	686
8	73	87	71	141	41	54	3,255
26	128	102	96	209	61	67	7,184

※３　合計の数値は本センターで扱っている求人全体の数値ではありません。一部、求人数が重複していたり、項目に該当せず、カウントしていない求人もあります。

※４　求人数：新規求人数

(3) 年齢や性別の指定

労働施策総合推進法においては、原則として募集・採用における年齢制限が禁止されています。ただし、正規職員の場合は、長期勤続によるキャリア形成を図る観点や定年制との関係から、年齢制限が認められ、設けられている場合があります。

性別を限定した募集を行うことは、男女雇用機会均等法により原則として認められていません。しかし、利用者への支援を行う際に同性介護（利用者のプライバシーや尊厳を重視し、利用者と同性の職員が介護サービスを提供すること）を理由にした場合は、性別を限定して募集を行うことが認められています。

(4) 雇用形態

雇用形態には、①一般的に定年まで働ける「正規職員」、②フルタイムだが正規職員以外の「常勤」、③常勤より時間数や日数の少ない「非常勤（パートタイムともいう）」があります。正規職員以外（②③）では、雇用期間の定めがあり、更新の上限も決められています。

(5) 資格や経験の指定

訪問介護員や児童養護施設の「児童指導員」など、福祉関係職種の多くは、法令により職員配置の基準（職種、資格、人数等）が定められており、求人票には業務経験の有無等の応募条件が指定されている場合があります。

一方、法令による資格要件がない職種であっても、事業所の採用条件として、資格や業務経験の有無等の指定がある場合があります。

資格を取得するためには、一定の日数と費用がかかります。また、福祉関係の学校は、夜間・通

コラム

教育訓練給付制度について（概要）

労働者や離職者が自ら費用を負担して、厚生労働大臣が指定する教育訓練講座を修了した場合、本人が支払った経費の一部（入学科及び受講料）を雇用保険で給付する制度です。

詳しくは最寄りのハローワークにお問い合わせください。

	①一般教育訓練給付	②特定一般教育訓練給付制度※	③専門実践教育訓練給付※
支給額	教育訓練経費の20％。上限10万円（４千円以下対象外）	教育訓練経費の40％。上限年間20万円。	・教育訓練経費の50％。上限１年40万円（最大３年間・120万円）（４千円以下対象外） ・修了後１年以内に一般被保険者として採用された場合20％を加算支給 ・45歳未満で離職の場合「教育訓練支援給付金」を支給。2022（令和４）年までの時限措置。
対象者	被保険者期間３年以上（初申請は１年以上）の在職者、または同条件を満たす離職後１年以内の者（例外あり）	被保険者期間が３年以上（初申請は１年以上）、かつ、離職後１年以内の者（例外あり）	被保険者期間３年以上（初申請は２年以上。例外あり）の在職者、または同条件を満たす離職後１年以内の者（例外あり）

※②③は業務独占資格・名称独占資格取得のための養成施設の課程等が対象で、福祉関係資格としては介護福祉士（実務者研修含む）（P42、P44）、社会福祉士（P50）、保育士（P56）などが対象となる。

信制の場合でも、施設での昼間の実習がある場合がほとんどです。働きながら資格取得をめざす場合は、これらの実習やスクーリングの際に仕事を休むことになりますので職場での調整が必要となります。

(6) 交替制勤務

交替制勤務とは、「日勤」「早番」「遅番」「夜勤」「宿直」などの異なる時間帯の勤務を事前に調整し、月単位の勤務表を作成し、それにもとづいて職員が交替で勤務することで、ローテーション勤務ともいいます。

入所型の事業所では、24時間・365日サービスを提供するため、曜日や祝日の区別なく勤務が求められます。

ただし、入所型の事業所であっても、パートタイム等の非正規職員で、特定の時間帯のみの勤務形態で求人募集される場合も多くあります。

通所型の事業所では、在宅の利用者が朝に来所し、夕方帰宅するため、職員も夜間の勤務はありません。その例として、通所の障害福祉サービスなどの生活支援員や通所介護の生活相談員、介護職員や保育所の保育士などが挙げられます。

ただし、早朝から夜遅くまで長時間開所している通所型事業所もあり、職員が「早番」・「遅番（平常の勤務時間より1～2時間ずれる）」をとり入れ、交替勤務することもあります。

休日は原則的に日曜・祝日などを中心に、土曜または他の曜日を交替制で休むなど、事業所の開所日にあわせて勤務が組まれています。

(7) 夜勤と宿直

夜勤は、常時介護などの対応が必要な方が利用する入所型の施設などで採用されている勤務形態です。休憩時間以外は介護などの通常業務を行います。夜勤は、所定労働時間内の勤務として扱われますので、夜勤の勤務時間が16時～翌9時で2時間の休憩がある場合には、15時間が実労働時間となります。また、深夜の時間帯に対応した深夜割増手当が支給されることになります。

宿直は、日勤の勤務終了後等に、夜間時間帯に定時的な巡回や電話対応等、軽度かつ短時間の業務を行うものです。回数としては、週1回を限度として、労働基準監督署の許可を得て行います。原則として通常業務はないため睡眠がとり得ることとされ、必要がある場合のみに対応します。宿直明けで、そのまま通常勤務に入ることもあります。宿直の場合は宿直手当が支給され、さらに宿直時間中に通常業務が生じた場合は、時間外手当（超過勤務手当）が支払われます。

(8) 断続勤務

断続勤務は、児童養護施設で採用されていることが多い勤務形態です。

例えば、「7時～9時まで勤務、9時～15時まで休憩、15時～21時まで勤務」です。このように一日に長い休憩をはさんだ2回の勤務となります。

これは、施設で生活する子供たちが学校等へ出かけるまでの時間や、学校等から帰って施設で過ごす時間帯に職員を多く配置し、昼間の職員配置を少なくしているためです。9時～15時の勤務が中断している間は拘束されませんが、7時～9時と15時～21時に勤務することとなります。

(9) 人事異動

人事異動は、法人の規模や方針により異なります。例えば、複数の事業所を経営している場合は、事業所間で人事異動が行われることがあります。同じ分野・職種間で異動することが一般的ですが、高齢者、障害者、児童福祉施設など法人が様々な種類の事業所を運営している場合は、異なる分野の職場へ異動することもあります。この場合、異動により様々な業務経験をしていくことができる反面、同じところで長く同じ仕事をすることができなかったり、勤務地により遠方へ転勤することもあり得ます。

一方、１つの法人が１つの事業所のみを経営している場合は、異なる事業所への異動はありません。１つの事業所で経験を重ねていくことができますが、幅広い業務経験を積む機会が少ない面があります。

自分にはどのような法人・事業所が向いているかを考えあわせながら、求職活動を行う必要があります。

(10) 採用後のキャリア形成・スキルアップ

採用後は、各法人が独自に決めた人事制度の中で、キャリア形成（様々な仕事経験を積み、職務能力を高める）を図っていくことになります。

福祉職場は比較的小・中規模な職場が多いことから、施設長以下、中間管理職の数は比較的少ない傾向があります。また、昇進・昇格への道筋が必ずしも明確でない場合が少なくありません。

しかし、近年、国や地方自治体の後押しもあり、「キャリアアップの仕組みの構築」が積極的に図られてきています。

また、職場内の研修や職場外（社協や専門機関等）の研修に職員を定期的に参加させ、サービス向上を図る事業所や、新たな資格取得を支援するなど人材育成に積極的な事業所も増えてきています。

その他、国家資格を有している職員であれば、社会福祉士会、介護福祉士会などの職能団体が実施する研修会やセミナー等に積極的に参加していくことも職務能力を高めていく一つの方法です。

職員のキャリア形成は採用された法人の考え方や制度によりますが、専門職として自己研鑽に努め新たな資格取得や新しい業務課題に取り組むことにより、常に自分を磨いていく姿勢が重要と言えます。

コラム

介護職員処遇改善加算について

介護職員の安定的な処遇改善を図るための環境整備、介護職員の賃金改善を目的に、要件を満たした介護施設や事業所に対して介護報酬を加算して支給する制度です。加算率は事業所のサービス区分と算定要件により決定します。加算は5つの区分に分けられ、施設・事業所が要件を満たすことによって加算額が変わります。厚生労働省の介護従事者処遇状況調査によると、2022（令和４）年度の取得状況として、94.5％の事業所が「取得（届出）している」と回答しています。

介護職員等特定処遇改善加算について

事業所において経験・技能のあるリーダー級の介護職員の更なる処遇改善を進める目的で、2019（平成31）年度に創設された制度です。取得要件を満たす事業所は処遇改善加算と合わせて加算を取得することができます。加算分の配分については事業所の裁量が認められていますが、リーダー級介護職員の処遇改善という制度本来の目的が守られるように、一定のルールが設けられています。

第 4 章

就職活動の方法

福祉分野における就職活動では、事業分野や職種のほか、労働条件や法人概要など、様々な視点から求人を探すことになります。自分がどんな仕事に就きたいのかだけでなく、何ができるのか、何をしているときにやりがいを感じるのかなど、自らを見つめ直す「自己分析」がとても大切になります。

この章においては、福祉の仕事に就くための就職活動のプロセスや、具体的な進め方、内容を紹介します。

1 就職活動の基本的な流れ

福祉人材の求人は、毎年増加していますが、正規職員（正社員）だけでなく、非常勤・パート等の非正規職員も多く、雇用形態が多様化しています。採用にあたっては、取得した資格や今までの職務経験や身に着けた専門技術、知識が重視されます。そのうえで、サービスの質の向上に努め、常に学び続ける姿勢があるかなどが求められます。就職活動は自分自身を見つめなおす機会であり、一つ一つのプロセスが目標や夢を実現していくために重要となります。

ステップ1
自己分析、将来目標の設定
（自分の仕事観の確認、適性
これまでの経験の振り返り）

ステップ2
福祉の仕事研究、情報収集
（情報・資料入手、施設・事業所見学等）

ステップ3
就職を希望する事業所を選ぶ
（福祉人材センター、ハローワーク等の利用）

ステップ4
応募書類の準備と提出
（履歴書、職務経歴書、資格証明書等）

ステップ5
採用試験
（面接、筆記、実習等）

ステップ6
内定
（入職内定承諾書、雇用契約、採用）

2 就職活動準備編

(1) 自己分析と将来目標

就職活動における自己分析とは、今後の自分の進路を選択していくために自分を知り、自分の考えをまとめる作業を行うことです。そのためには「自分は何ができるのか」「何がしたいのか」「何をしているときに意味を感じるのか」「どのような人間関係を築きたいのか」を自分なりの言葉で整理してみることをお勧めします。そうすることによって、進む道を絞り込み、自分のアピールポイントも見えてきます。

将来の目標を設定することは、今後の人生を左右する問題ですので、就職活動という短期間の取り組みの中だけで済ますものではないかもしれません。ただ、この段階で自己分析を行うことは、就職活動に成功し、就職先で自分の力を発揮していくためにも重要な意味を持っています。

自己分析の具体的な方法については、自分のこれまでの経歴（職歴や学生生活、社会活動、趣味活動等）を書き出していくことが第一歩です。これらを書きためておくことで、応募書類を作成する際に効率よく作業を進めていくことができます。また、応募締切が直前の求人情報を入手できた場合でも、あわてずに応募手続きができます。

(2) 就職活動の方針を決める

自分の目指す方向を明確にしていくためには、幅広い情報を入手していく必要があります。その際に、「どのような仕事をしたいのか」「やりたい仕事ができるのはどのような分野なのか」「その仕事ができるのはどんな職種なのか」「どのような資格・経験が求められるのか」「求人は多いのか少ないのか」等の視点から情報を入手し、就職活動の方針を決めていきます。

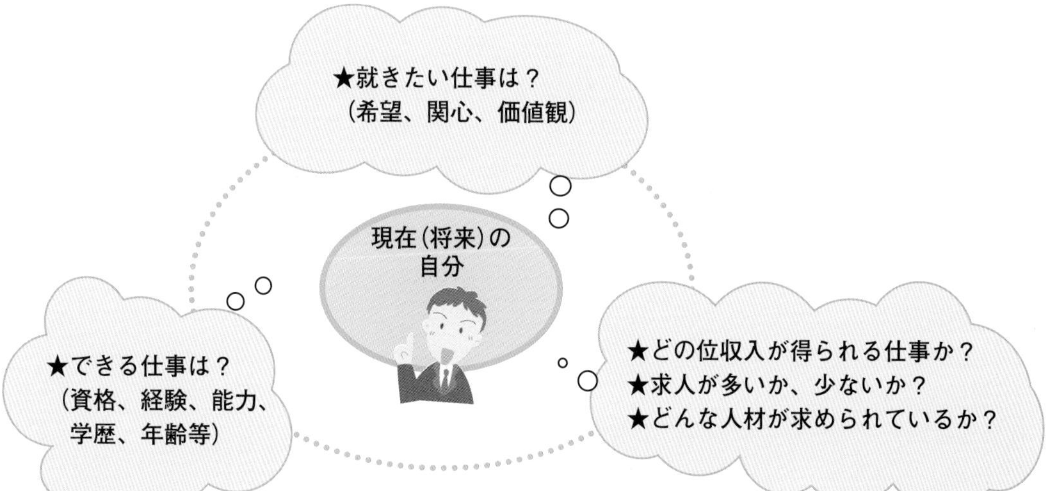

(3) 応募先の情報収集と決定

福祉人材センターでは年間を通じて多くの求人を受け付け、公開しています。多くの求人情報の中から、自分が応募したいと思う求人を探すことは必ずしも簡単ではありません。以下の探し方のポイントを踏まえて、幅広い情報収集に努めましょう。

①求人情報の探し方

福祉人材センター（98ページ・裏表紙）やハローワーク（公共職業安定所）の利用

〈職種・仕事内容から探す〉

福祉の仕事には、高齢者・障害者・児童といった大きな事業分野があり、その中で自分は介護職（ケアワーク）に就きたいのか、相談職（ソーシャルワーク）に興味があるのか、事務職（オフィスワーク）の仕事がしたいのかといったことを大まかでもイメージしながら求人を探しましょう。

自分がどのような仕事に就きたいかということが分からないと求人を探すことも難しくなります。

〈法人概要から探す〉

日本の社会福祉事業は、「社会福祉法人」が中心的な役割を果たしてきました。これは現在でも変わりありませんが、介護保険サービスや障害福祉サービスは法人格があれば指定を受けて実施できることから、通所介護や訪問介護等を中心として、「株式会社」「NPO法人」「医療法人」など多様な法人格の事業所が増えています。

法人には、戦後間もなく設立された法人から、ここ数年にできた新しい法人まであります。また、法人が現在どのような事業を運営しているかという点も注目すべき点です。

「社会福祉法人で高齢者（障害者または児童）の関係施設・事業を多く運営している」「障害児の親の会が立ち上げ地域に根ざした活動をしている」「市民活動から生まれたNPO法人で社会的使命（ミッション）がはっきりしている」「営利企業で全国展開をしている」など、法人の種類によってもさまざまな特徴があります。

法人の特徴を捉えた上で、応募先がどのような事業を実施しているかという点も調べることが重要です。

〈労働条件から探す〉

「仕事をする」ということは、ある法人と労働契約を交わし雇用されるということです。雇用形態は「正規・正社員」か「パートタイム等の非正規」か（非正規の場合、「有期雇用契約」の更新は予定されているか、どのような条件であれば更新されるのか）、労働時間や勤務日数はどうなっているか（変則勤務で自分は働けるか、夜勤・宿直が可能か、日勤のみが希望か）、休日・休暇はどのくらい確保されているのか、労働保険・社会保険の加入はあるのか、給与額や給与制度はどのようになっているのか（基本給と諸手当／月給制・日給制・時給制／昇給／賞与、人事考課制度の有無）、研修制度や福利厚生制度はどのようになっているか、などがチェックポイントとなります。

もちろん、労働条件が良いにこしたことはありませんが、「自分がやりたい仕事」と「労働条件」のバランスは重要なポイントです。

就業にあたり、あらためて「労働条件通知書（93ページ）」「雇入通知書」、就業規則やそれに準ずるものを必ず交付してもらう必要があります。勤務後のトラブルの発生を未然に防ぐためにも、労働条件の確認は重要と言えます。

（参考）

○東京都福祉人材センターホームページ
https://www.tcsw.tvac.or.jp/jinzai/

○福祉のお仕事
https://www.fukushi-work.jp/

○ハローワークインターネットサービス
https://www.hellowork.mhlw.go.jp/

福祉施設・事業所における雇用形態別の労働条件の特徴・傾向について

以下の内容は概要や例示ですので、契約内容は「求人票・募集要項」もしくは「雇入通知書」等で個別具体的に確認していく必要があります。

	フルタイム		パートタイム
名称例※1	正規職員・正社員	正規以外の常勤・契約・嘱託	非常勤・パート・アルバイト
雇用関係	あ　り		
契約期間	定めなし（定年除く）	原則、3年を上限（①定めのあるもの／②採用日より1年ごとや数か月ごとの契約更新があるもの）※2	
勤務日数・時間	1日8時間・1週40時間労働が上限・週1日または４週間に４日以上が法定休日。 ただし、「変形労働時間制」を事業所が採用している場合は、その限りではない。※3		同じ事業所の通常の労働者（正規職員）よりも1週間の所定労働時間が短い勤務。
休暇※4	有給休暇は労基法に基づく（例：全労働日の8割以上出勤・6か月勤務後、10日付与）。 その他、夏休み、年末年始等は事業所の規定による。		有給休暇は労基法に基づき比例付与（所定労働日数等により、休暇日数は異なる）。その他、年末年始休暇等は事業所の規定による。
賃金	月給制がほとんど。		日給制や時給制が多い。
労働保険※5	「労災保険」は強制加入（保険料は全額事業主負担）。 「雇用保険」は、週の所定労働時間が20時間以上で31日以上継続して雇用されることが見込まれる場合に加入（保険料は事業主と被保険者で折半）。		
社会保険※6	「健康保険」「厚生年金保険」は、従業員数101人以上の企業の場合、下記４点をすべて満たす場合加入。①週の所定労働時間が20時間以上②所定内賃金が月額8.8万円以上③２カ月を超える雇用の見込みがある④学生ではない		
福利厚生※7	退職金制度がある場合が多い。	退職金制度がない場合が多い。	

※１　「名称」は例示です。

※２　2013（平成25）年４月１日施行の改正労働契約法の施行により、同一使用者との間で、有期雇用契約が反復更新されて通算５年を超えたときは、労働者の申込みにより、期間の定めのない労働契約（無期労働契約）に転換できることとなりました。（通算契約期間のカウントは、2013（平成25）年４月１日以後に開始する有期労働契約が対象です。）

※３　変形労働時間制には、１か月以内を単位としたものや１年以内を単位としたものなどがあります。
　一定期間を平均し、週当たりの労働時間が法定労働時間（40時間）を超えない場合、特定の週や日に法定労働時間（40時間／週・８時間／日）を超えて労働させることができます。
　〈変形期間が１か月の場合の法定労働時間の総枠（限度時間）週法定労働時間が40時間の例〉
　１か月　31日の月→177時間／30日の月→171時間／29日の月→165時間／28日の月→160時間

※４　労働基準法の改正により、2019（平成31）年４月から年10日以上の年次有給休暇が付与される労働者（管理監督者含む）に対し、その日数のうち年５日については、使用者が時期を指定して取得させることが必要となりました（有給休暇の消化日数が５日未満の場合）

※５　加入窓口：労災保険…労働基準監督署、雇用保険…ハローワーク（公共職業安定所）。

※６　加入窓口：健康保険…全国健康保険協会、厚生年金保険…年金事務所
※５および※６は事業者の責任において加入します。また、本人の意思に関係なく、要件を満たしていれば強制加入が原則です。

※７　民間（社会福祉法人）の社会福祉施設では、①独立行政法人福祉医療機構（https://www.wam.go.jp/hp/）の「社会福祉施設職員等退職手当共済制度」（社会福祉法人の施設（別途種別の限定あり）のみ加入可）、②東京都社会福祉協議会（https://www.tcsw.tvac.or.jp/）の「従事者共済会」（東京都社会福祉協議会の会員施設）などへの加入が多く見られます。企業などでは③「会社独自の制度」を持っている事業所、④独立行政法人勤労者退職金共済機構の「中小企業退職金共済制度」（https://chutaikyo.taisyokukin.go.jp/）などに加入している事業所もあります。その他、「区市町村ごとの共済制度」に加入している場合もあります。

福祉人材センターやハローワーク（公共職業安定所）の利用以外で求人情報を集めるためには、次のような方法があります。

〈出身・在学校の利用〉

学生については、学校の就職課が就職活動の窓口となっていることから、学校を積極的に利用すると良いでしょう。特に、福祉系の学校であれば、福祉職場の情報を多く持っていますので、就職活動や応募先の相談をしてみるとともに、希望の条件に合う求人がないか積極的に情報収集してみましょう。

既卒者の場合、出身校の活用は難しいかもしれませんが、学校出身者（OB・OG）で福祉職場に在職の方を訪問し、福祉の仕事のイメージを補うことも有効と考えられます。

〈民間の求人情報サイト・情報誌等の利用〉

民間サイトの中には、介護・福祉分野を専門にしたり、介護職、保育士といった職種に特化した求人情報サイトなどがあります。

また、一般の求人情報誌にも介護等の求人情報が掲載されていますし、福祉職場の特集記事が組まれることもあります。その他、新聞等の折込チラシには、地域に密着した求人が出ていますので、居住地の近くで勤務したい方には参考になると言えるでしょう。

②応募先の情報をより詳しく知る方法

求人情報をある程度選定した後、応募先を更によく知るための準備をしていく必要があります。

〈第三者評価、情報公開サイトの利用〉

福祉関係事業所の概要を知るためのホームページは、巻末に掲載してありますので参考にしてください。特に「福ナビ　とうきょう福祉ナビゲーション（福祉サービス第三者評価）」「介護サービス情報公表システム」は外部評価や外部調査のデータが公表されていますので参考になります。

また、「ふくむすび」の「TOKYO働きやすい福祉の職場宣言情報」も東京都の独自のガイドラインを踏まえ、人材育成、キャリアップ、ライフ・ワーク・バランス等、働く人にやさしい職場づくりに取り組んでいる事業所を探すのに役立ちます。109ページを参照してください。

検索ページから、法人のホームページを直接閲覧するのも良いでしょう。

〈事業所見学〉

求人への応募の前に、事業所見学が可能かどうかの問い合わせをして訪問してみましょう。

事業所見学では、利用者の暮らしや職員の支援場面等を垣間見ることで、職場の雰囲気などを知ることができます。求人票には事業所見学のことが記載されていない場合でも、積極的に見学をしてから応募すると良いでしょう。

なお、見学に際しては、事業所はその利用者にとって「生活の場」であることを念頭におき、利用者のプライバシー保護や人権の尊重に十分留意することは言うまでもありません。また、事業の性格から見学を認めていない事業所もありますので、事前に確認が必要です。

〈福祉関係図書・雑誌の購入・閲覧〉

福祉関係雑誌などにも様々な法人や事業所の記事が取り上げられています。大手書店や福祉の書籍を専門的に扱っている書店のサイトから検索して興味のある本を購入したり、図書館を利用したりして情報収集に努めましょう。

3 応募準備編

(1) 電話

電話による求人内容等の問い合わせや応募の申し込みをすることは、求人側との最初の出会いでもあります。したがって、この段階で就職活動が既に始まっている、という意識を持つ必要があります。

電話をする場合、「始業すぐ」、「昼休み」、「終業間際」など、担当者がゆっくり話ができないような時間帯は出来るだけ避けるようにしましょう。また、落ち着いて話すことができ、よく聞き取れる場所から電話するようにします。携帯電話で連絡をとる際は注意が必要です。

相手側の担当者の氏名や部署を事前に確認した上で、まず氏名と電話をかけた主旨を伝えます。応募書類、送付先（持参の場合以外）、締め切り日、選考日、選考会場などは必ず確認しましょう。その他、質問や確認したいことがある時は、事前に要点を整理しておき、簡潔に話すよう心がけます。メモをとる準備をしておきましょう。

なお、募集条件や仕事内容以外の労働条件については、電話での問い合わせは最小限にすることが望ましいと思われます。

また、敬語や丁寧な言葉遣いで、相手への印象も変わってきますので、細やかなところにも気を配りたいものです。

(2) 履歴書

履歴書は「なぜ、ここに応募したいか(志望動機)」を応募先に伝えるとともに、自分の経歴を説明するものです。

採用担当者は、履歴書と他の書類をあわせて面接の基礎資料とします。履歴書には空欄を作らず、読みやすくていねいな文章を書くようにしましょう。

①記載方法

「手書き」か「パソコンで作成」かは応募先によって異なります。作成にかかる時間を考え、「手書き」という指定がなければどちらで作成しても構いません。

市販の履歴書用紙を使い、筆記具は黒の万年筆や細字のサインペン、ボールペンで書きます。市販の履歴書は、さまざまな形式のものがありますので、自分を最もアピールしやすいものを選びましょう。B5サイズの履歴書が売られていますが、A4サイズの方が応募書類のサイズが揃うので、採用担当者には好印象です。

②書体と表記

略字や崩し字は避け、楷書でていねいに書きます。志望動機のように一行では書ききれない項目については、行が曲がらないように特に注意してください。

応募書類は、書き間違えたら修正することは厳禁とされており、新しい用紙に初めから書き直すようにしましょう。

学校名や会社名、事業所名は正式名称で記載します。略号や省略した記載はしないようにしましょう。年号は西暦か和暦で統一します。

③日　付

直接持参する場合は、その持参する当日の日付を書きます。郵送するときには、ポストに投函する日付を記入します。

④住所・連絡先

郵便番号も忘れずに。住所は都道府県名からアパート・マンションの部屋番号まで、省略せずに正確に記入します。電話番号は、市外局番から記入します。基本的には自宅の番号を記入しますが、携帯電話の番号も併記した方がよいでしょう。

⑤氏名

氏名の姓と名の間は1文字空けて書き、どこまでが姓なのかはっきり区別できるように書きます。また、かなの欄に「ふりがな」とひらがなで記載されている場合は、ひらがなで記入します。

⑥印鑑

最近では印鑑欄のない履歴書が増えています。押印する場合、ゴム印のような印鑑ではなく朱肉を用いて欄にまっすぐに捺印しましょう。

⑦写真

写真は、応募先に好印象を与えるために重要です。

上半身、正面向きの3ヶ月以内に撮影したもので、履歴書の写真欄と同じサイズのものを貼りつけます。きちんとした髪型・服装で撮ることはもちろんですが、表情の良い写真を用意しましょう。なお、裏面に氏名を書いておくと良いでしょう。

⑧学歴

「学歴」とタイトルを一行入れてから記入します。学校の入学及び卒業(修了)の経歴を年代順に記載します。

⑨職歴

「職歴」とタイトルを一行入れてから記入します。会社名を記入する場合は、(株)、(福)と省略せずに、株式会社、社会福祉法人と書きます。その勤務先への入社及び退社の経歴を年代順に記載することが基本ですが、部署間の異動や雇用形態などを記載することもあります。

退職している方は、最後に一行使って右端に「以上」と記入します。在職中で、転職活動をしている方は「以上」ではなく、「現在に至る」と記入します。

⑩免許・資格

免許・資格は取得した年代順に記載する方法もありますが、応募先に必要で、アピール力が高いものから記載します。応募先の業務に直接関係ないと思うものでも記載しましょう。

⑪趣味・特技

履歴書の趣味や特技は応募者の個性や人間性が表れる部分と言われますので、プラスのイメージを与えるように記載しましょう。例えば、楽器演奏や茶道、舞踊などは利用者とのレクリエーションの際にも役立つ場合があります。仕事に活かせると思われる技術や技能も整理して記入すると良いでしょう。ただし、面接などで質問される可能性がありますので、具体的に答えられるよう準備してください。

⑫志望動機

志望動機とは、「なぜ、ここに応募したいか」ということです。志望動機は面接で必ず質問されます。一般論や抽象的な言葉を使うことは避け、自分の言葉で簡潔に書くことが大切です。

⑬本人希望欄

職種や配属先に関する特別な希望があれば記入し、理由も添えましょう。給与や休日などの条件面ばかりを強調するのは、控えた方が良いでしょう。

⑭退職理由

一般的には、「会社都合により」「契約期間満了につき」「一身上の都合により」があります。「倒産により」「事業所閉鎖により」といった会社都合の具体的な理由や、「介護業界への転職を目指し」や「社会福祉士資格取得を目指し」など具体的な理由を記載すると良いでしょう。

(3) 職務経歴書

応募者がその応募先の求める業務経験や能力を持っているかどうかを判断するため、履歴書だけではなく、職務経歴書の提出が求められることがあります。

職務経歴書とは、どのような事業所で、どのような職務に従事していたか(業務内容)、どのようなことを達成できたか(業務実績)などを記入するものです。自分の出来ること、得意なことを応募先にアピールすることもできます。

履歴書用紙として、職務経歴書が入ったものも市販されています。特に決まった様式はありませんが、A4用紙1～2枚程度にまとめるのが一般的です。

箇条書きで作成しても構いません。見やすいレイアウトにする工夫もしてみましょう。

また、履歴書と別々に扱われても分かるように、連絡先や氏名は必ず記入します。

(4) その他の応募書類

応募書類は履歴書や職務経歴書のほかにも、「成績（見込）証明書」「卒業（見込）証明書」「資格証明書・免許証の写し」「健康診断書」「作文」「志望動機書」「写真」などの書類の提出が求められる場合があります。

これらは求人によって異なりますが、学校等に発行依頼する証明書等については、発行までの時間を考慮して、早めに手続きをしておきましょう。

(5) 応募書類を郵送する方法

応募書類を郵送する前に、まず必要書類が全て揃っているかチェックしましょう。応募書類は記入した後、必ず何度か読み返してください。福祉人材センターを通じて応募する場合は、「紹介状」あるいは「応募用紙」が必要です。おもて面に「添え状」を添付します。左上をクリップで留めるか、クリアファイルに入れます。封筒は、市販のものでも構いませんが、求人事業所から簡易書留等で送るように指示がある場合はそれに従います。封筒のサイズは、書類を小さく折りたたまないですむサイズで送る方が良いでしょう。封筒の裏面に、差出人の郵便番号、住所、氏名を記入します（88ページ）。

なお、面接に進んだ場合にそなえて、応募書類はすべてコピーをとり、手元に残しておきましょう。メールで応募書類を提出する場合、書類のデータにはパスワードをかけ、書類とパスワードを別メールで送信しましょう。その際、書類は編集できないようPDFに変換して送信するなど、注意が必要です。

コラム

公務員として福祉の仕事をするためには

公務員としての福祉職場は、政策企画部門、福祉機関（福祉事務所、児童相談所等）、福祉施設などがあり、様々な部署へ異動のある一般事務職としての採用や異動が限定的な「福祉職」（試験区分）を選択できるものもあります。

公務員として福祉職に就くためには国や地方自治体の「公務員試験」を受験し、合格する必要があります。東京都は東京都人事委員会、23区（特別区）や特別区人事・厚生事務組合等は特別区人事委員会及び各区、市町村でもそれぞれ採用試験が行われています。

募集情報は、自治体のホームページや広報誌などで確認することができます。

日付を忘れずに！
投函日または訪問日

履　歴　書（例）

令和○年○月○日現在

ふりがな　　ふくし　はなこ	
氏　　名 福祉　花子	
○年　○月　○日生（満　○歳）	※性別
ふりがな　　とうきょうとちよだくいいだばし	電話 (03)5211－2860
現住所　〒102－0072 東京都千代田区飯田橋３－10－３	FAX (03)5211－1494
ふりがな	携帯電話 090－5211－○○○○
連絡先〒 （現住所以外に連絡を希望する場合のみ記入） 方	
メールアドレス：　hanako@○○○.or.jp	

写真をはる位置
縦36-40㎜
横24-30㎜
本人単身胸から上
裏面のりづけ

氏名は楷書で記入

「ふりがな」とある場合はひらがなで
「フリガナ」とある場合はカタカナで記入

年	月	学歴・職歴（各別にまとめて書く）
		学　　歴
平成○	4	東京都立川市立○○高等学校入学
平成○	3	東京都立川市立○○高等学校卒業
平成○	4	千代田大学文学部○○学科入学
平成○	3	千代田大学文学部○○学科卒業
		職　　歴
平成○	4	株式会社○○○○入社
		営業部に配属
平成○	3	株式会社○○○○退社（介護業界への転職を目指し）
平成○	6	社会福祉法人○○会　○○福祉園入職　介護職（常勤・正規以外）
平成○	7	社会福祉法人○○会○○福祉園退職（契約満了により）
		以　上

分けて書く

省略せず、正式名称で記入

※「性別」欄：記載は任意です。未記載とすることも可能です。

年	月	免許・資格
平成○	5	普通自動車運転免許取得
平成○	5	介護職員初任者研修修了

取り組んでいることがあれば、記入。前向きな姿勢を出す。

その他特記事項　現在、介護福祉士取得を目指して勉強をしています。

自分のこれまでの経験や実績を踏まえ、どのような仕事に貢献できるか、したいかという観点から記入。面接でも問われる事項なので重要！

志望の動機

営業時代に、高齢者向け食品の販売営業に５年間携わり、高齢者の方に直接接する仕事に関心を持ちました。

その後、介護職として２年間働き、夜勤も一人で担当できるようになりました。

貴法人は地域に根ざし、地域のニーズに沿いながらさまざまな高齢者福祉事業を総合的に展開されていることを知りました。

仕事をする上では、利用者の気持ちに寄り添いながら、細やかな介護を心掛けていきたいと思います。初心を忘れず、やる気と協調性を発揮して仕事に取り組みたいと思います。

説明文を加え、内容がイメージできるようにする。福祉現場では、趣味や特技が役立つことがあるので、好きなこと、得意なことはできるだけ記入する。

趣味・特技

書道とバレーボール（地元クラブに所属。週１回練習）
PCスキル（ワード・エクセル・パワーポイント）

本人希望記入欄（特に給料・職種・勤務時間・勤務地・その他についての希望などがあれば記入）

希望職種：介護職
勤 務 地：○○事業所を希望しますが、貴法人の人事に従います。

特別な希望があれば記入。志望した事業所に就職したらどのような仕事に取り組んでいきたいかを記入する。

福祉職場経験者の職歴　記入例

令和○年○月○日

職務経歴書

東京都○○区○○町○－○
携帯電話 090-○○○○-○○○○
東京　花子

1　希望職種
生活支援員

2　職務要約
○年間、特別養護老人ホームで介護職に従事し、現在は福祉作業所で生活支援員として、クッキーやパン作りを通し障害者の自立支援にやりがいを感じています。

3　職務経歴
（1）社会福祉法人○○　○○特別養護老人ホーム　平成○年○月～平成○年○月
〔団体概要〕
所在地：東京都千代田区○○○ 3-10-3
利用者：80名
〔職種・担当業務〕
介護職（正規職員）
・利用者の食事・入浴・排泄等の支援
・レクリエーションの企画・運営
・外出の介助等

（2）社会福祉法人○○会 ○○福祉作業所　平成○年○月～現在
〔団体概要〕
所在地：東京都新宿区○○ 1-1
利用者：40名
〔職種・担当業務〕
生活支援員（非常勤職員）
・障害者の生産活動（クッキー・パン作り等）の支援
・利用者の生活支援
・福祉センター店舗での販売活動支援

4　これまでの仕事を通じ、身につけた職業能力・知識・経験
・高齢者介護の知識と経験
・陶芸の基礎技術を習得し、特別養護老人ホームで「陶芸教室」を担当
・知的障害者支援の知識と経験
・生産品目（天然酵母パン）の品質開発に携わり、売上10%向上

5　自己PR
・利用者一人ひとりの思いや考えを尊重した支援
・職員同士やボランティアとの協力・チームワーク力
・仕事の中から自ら取り組む課題を見つける力

以上

他業種の職歴　記入例

令和○年○月○日

職務経歴書

東京都○○区○○町○－○
携帯電話 090-○○○○-○○○○
千代田　福男

1　希望職種
介護職員

他業界から福祉業界へ転職する理由と決意を伝え、応募先が納得できる内容にする。

2　職務要約
小売業、飲食業と一貫して営業職に従事しており、そのコミュニケーション力を活かし、仕事を確実に進めることが得意です。家族の介護が福祉業界とのきっかけとなりました。資格も取得し、「人の尊厳を大切にする」気持ちを忘れないようにしたいと思います。

3　職務経歴
（1）有限会社○○○　平成○年○月～平成○年○月
〔会社概要〕
所在地：東京都新宿区○○ 1-1
業　種：小売業

他業界での仕事経験から、福祉業界にも通用する能力や姿勢をアピールする。

〔職種・業務内容〕
・営業職として家具用品の販売
・商品の在庫管理、伝票整理
・アルバイト5名の教育管理
〔業務実績〕
・丁寧な接客により、月間売上○○万円を達成しました。
・伝票整理、在庫管理では正確さと迅速な対応が求められました。
・アルバイト管理を経験し、情報共有の難しさと必要性を実感しました。

（2）株式会社○○○　平成○年○月～平成○年○月
〔会社概要〕
所在地：東京都千代田区○○○ 3-3-3
業　種：飲食業（うどんチェーン店）
〔職種・業務内容〕
・営業職として新規オーナーの獲得やオーナー候補者の育成。講演の企画・運営
・パート社員の募集や雇用管理方法の教育
〔業務実績〕
・新規オーナーとコミュニケーションを取り、月間○件を達成しました。
・オーナー対象の講演は２名体制で連携、年○回実施しました。

4　免許・資格
平成○年○月　普通自動車運転免許（AT限定）取得
平成○年○月～平成○年○月　介護職員初任者研修修了

5　仕事への取り組み姿勢
・顧客の満足を第一に考え、サービス向上に取り組みます。
・仕事の優先順位をつけ、効率的に業務を行います。
・すすんで仕事を見つけ、新しい仕事に取り組みます。

以上

《添え状　例文》

令和○年○月○日

社会福祉法人○○会
　○○園 人事担当　○○　○○様

〒○○○−○○○○
東京都○○市○○町○−○−○
新宿　花子

　拝啓　時下ますますご清栄のこととお喜び申し上げます。

　このたび、東京都福祉人材センターの紹介により、生活支援員に応募させていただきます。
　私は、○○専門学校を卒業後、○年間特別養護老人ホームの現場で介護職を経験した後、知的障害者の就労支援に関わりたいと考え、通所事業所で○年間勤務してまいりました。
　これまでの現場経験を活かし、利用者さんに楽しく、いきいきとした生活を送っていただくための障害者支援の仕事を続けたいと思っています。

　同封の履歴書と職務経歴書をご一読いただき、是非とも面談の機会をいただきますようお願いいたします。

敬具

（例）

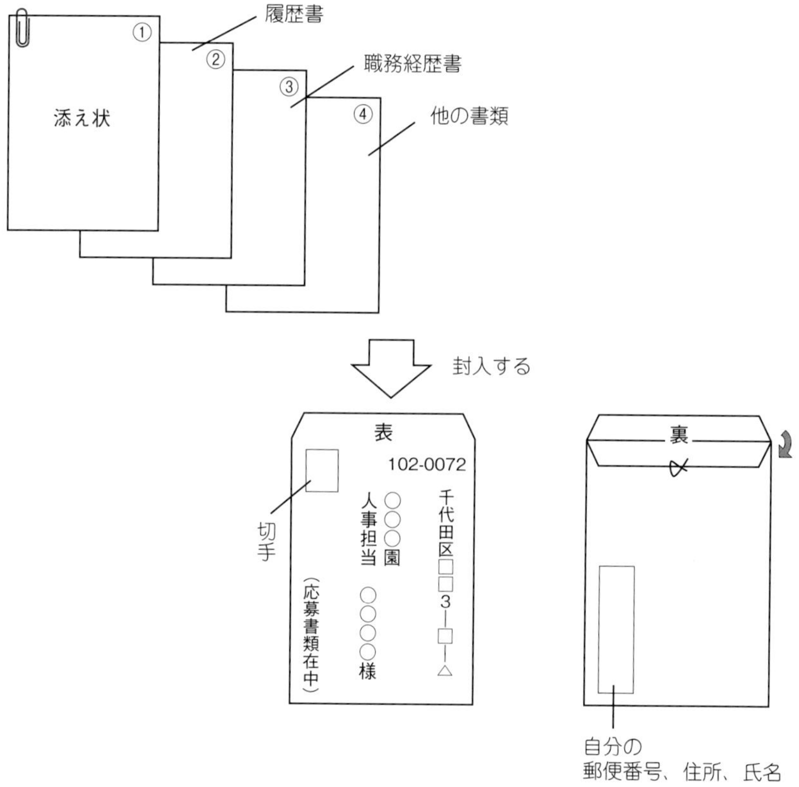

4 試験対策編

(1) 選考試験とは

福祉の仕事は、対人サービスが中心の職場です。資格や業務経験なども選考要素になりますが、最終的には人物や適性の評価が大きなウエイトを占めています。そのため、選考は、面接重視の傾向にあります。

試験の方法としては、面接はほとんどの場合で行われ、事前に書類選考を行う場合もあります。小論文・作文や筆記試験、適正試験を行うところもあります。

一緒に仕事をやっていける人物かどうかを判断していくために、各事業所が選考試験を行うということを理解しておきましょう。

(2) 筆記試験の意味

新たに施設を開設する場合や新規事業を始める際には、多くの職員を一括採用する場合があります。また、複数の事業所を抱える法人が一括採用する場合もあります。これらは募集枠が比較的多いことから、応募者が多くなる傾向があります。そのため、面接を行うことができる人数まで削減するため、一次試験で筆記試験による選考を実施する場合もあります。

筆記試験で高得点をとれば確実に就職できるというものではありませんが、一定の基準をクリアしていなければ、次の段階に進めなくなるので準備が必要です。

(3) 筆記試験の傾向と対策

筆記試験の傾向としては、一般常識と小論文・作文が見られます。

小論文・作文は、面接試験の日に、その場でテーマが与えられて実施する場合や、あらかじめ定められたテーマに沿って作成し、応募書類と一緒に送付したり、面接時に持参したりする場合があります。作文のテーマは福祉関連のテーマから志望の動機までさまざまです。

小論文・作文の対策は実際に書いてみるのが一番です。面接に備える意味でも、「福祉の仕事に就きたいと思った理由」「自己PR」「今後の抱負」をはじめとして、福祉や仕事に対する自分の考えなどを体験などを踏まえて、400～1,200字程度で実際に書いてみると良いでしょう。字数の指定がある場合、８割以上は書くようにしましょう。

また、誤字・脱字、文字の丁寧さをはじめとして、「言葉の重複」「一般的な言葉づかい」「文章のわかりやすさ」「文章の構成」等にも気を配ります。テーマと制限時間を決めて書きあげ、第三者からの意見をもらうのも有効です。

なお、福祉分野の専門的な知識を問われる問題が設定されることは多くはありませんが、福祉業界の動向に気をつけておくためにも、マスメディアで紹介される関係記事は注意して見るようにしましょう。

【小論文・作文の課題例】

「私の目指す高齢者介護」
「あなたが考える障害者の自立支援」
「保育士に求められる親支援」
「ボランティア活動と社協の役割」
「最近感動したこと」
「志望動機とやってみたい仕事」
「10年後、どんな職員になっていたいか」 等

(4) 面接の意味

面接は、質問に対する答えから、応募者の意欲や能力、人柄を判断しようとするものです。そのため、自分の熱意や考え方を率直に表現するように心がける必要があります。面接では「志望動機」や「自己PR」のほか、さまざまな形で質問されることになります。最低限のマナーや敬語に留意することができれば、焦ったり特別に緊張したりする必要はありません。

応募書類で伝えきれなかった自分を伝えることも、面接の重要なポイントです。応募書類の控えを読み返し、面接で特にアピールしたいこと、応募書類の内容に付け加えて話したいことなどもまとめておくと安心です。

(5) 面接対策

面接では、動作や態度、表情、服装といった視覚的要素、声や話し方、言葉遣いといった聴覚的要素からの第一印象が大切になります。

面接対策は準備が重要です。準備とは、想定される質問に自分の言葉で話せるよう回答を整理しておくことです。自分の言葉で話すということは、マニュアル通りではなく、ホームページを見たそのままの表現ではなく、これまでの経験から学んだことや感じたことを自分自身の言葉で伝えるということです。

また、最近では、オンラインでの面接という可能性も出てきました。その場合、通信回線や操作の確認などきちんとした準備をし、慣れておいた方が良いでしょう。

○服装

服装は、特に新しいものを買い揃える必要はありませんが、第一印象を左右するものですから、清潔感があり好感が持てるものにします。

一般企業同様、（リクルート）スーツが基本となります。なお、面接日に実習選考や実技試験がある場合は、動きやすい、汚れても良い服装や運動靴を用意するよう指示がある場合があります。

○面接前

大切な面接に遅刻するようでは、時間にルーズであると思われてもしかたがありません。約束の時間に遅刻しないことは、社会人として最低限度のマナーです。交通機関などの事故などで、やむを得ず遅れそうなときは、必ず電話を入れるようにします。

なお、やむを得ない事情で面接を受けることができなくなった場合は、速やかに応募辞退の連絡をすることが必要です。たとえ応募を辞めるからといって無断でキャンセルすることは、個人としての信頼が疑われることになります。

○面接時

志望理由は必ず質問されますが、「なぜその職場に就職したいのか」「何をやりたいのか」「なぜやりたいのか」という思いと意欲を伝えることが重要です。やってみたい仕事は、できる限り具体的に伝えることが必要です。そのためには事前の職場研究が重要になりますが、やってみないと面白さがわからない仕事もあり、面接の際には面接者の話を謙虚に聞く姿勢も必要です。

また、自分の長所を相手に伝える時は、過去にあった具体例を出して伝えると説得力が増します。その長所が仕事をしていく上で、どのように活用できるかを併せて伝えることができればベストです。

マスクを着用する場合は、清潔なマスクで、表情も豊かに、挨拶や質問に対する応答も明快にしましょう。

○面接時の流れ

面接の時間だけでなく、その建物に入ってから出るまでが、面接だと思ってください。待合室、その他の場所でもわきまえた行動を心がけます。

「約束した時間を守る」「礼儀正しい言葉遣い」「好感の持てる服装」など、就職活動のための応対のマナーについては他の業界と変わりありません。

なお、面接会場に入る前に、携帯電話の電源はOFFにするよう注意しておきましょう。

当日は、面接場所までの地図や相手先の連絡先（電話番号や担当者名など）を記載したもの、筆記用具、メモ用紙も準備しておいたほうが良いでしょう。

〈応募者からの質問事項の例〉

仕事への意欲や熱意が伝わるような質問をしましょう！

◆○○法人（御社）の今年度の重点事業・方針を教えてください。

◆今後予定している新しい事業は何かございますか？

◆職員の年齢や平均勤続年数を教えてください。

◆○○の資格取得を考えていますが、働きながら○○資格を取得することは可能ですか？

◆就職後の職員の研修やスキルアップの機会はありますか？

◆就職後の人事異動などはありますか？

◆地域との交流の状況を教えてください。

◆ボランティアや実習生の受け入れ状況を教えてください。

◆長く勤めていきたいと思っていますが、育児・介護休業をとって、復帰された方（職員）はいらっしゃいますか？

◆利用者の方に接する上で、こちらの施設でモットーとされていることはどんなことですか？

(6) その他の選考方法

○実習選考

実習を行う日数は、事業所により異なります。１週間という長めの設定がされる場合もありますが、１～２日程度が一般的です。

実際に業務に携わることで、応募者本人にはその事業所で働くという自分の意思を確認する機会になります。一方、事業所側にとっては働く姿勢やチームの中での協調性や対人理解力、コミュニケーション能力等を見ることになります。また、即戦力になる人材を求めている施設では、実際に支障なく業務にあたれるかどうか、力量が問われることになります。

なお、実習等の期間は「無給」「交通費程度支給」「時給を支給」など法人により扱いが異なります。

5 選考結果後の対応について

(1) 選考結果の通知について

面接時の選考結果については、後日郵送や電話での連絡が一般的です。

その求人に複数の人が応募していると、選考に時間がかかる場合もありますが、予定の期日を過ぎても連絡がない場合は、自分から問い合わせてみましょう。

(2) 内定時の注意

内定（採用）の通知がきたら、できるだけ早く返事をするようにしましょう。就職先を決めた場合は、他の応募先に速やかに辞退の申し出をします。

働くことが決まったら、細かい労働条件等について法人と確認し、**労働条件通知書**（93～96ページ）の交付を受けるようにしましょう。あいまいなままにしておくと、後でトラブルの原因になることがあります。

(3) 内定後、辞退する場合

内定後の辞退は、求人事業所の採用計画に支障を与えます。複数の事業所に応募している場合、内定への意思表示はできるだけ早く行うように心がけてください。求人事業所は、欠員を補充するために求人募集を再開しなければならないことになります。

多くの時間・労力をかけて自分を選んでくれた求人事業所には、誠実な姿勢で辞退を申し出るようにしてください。その場合、採用担当者に速やかに電話で連絡を取り、辞退する旨を誠意を持って伝えてください。

また、紹介者（例えば学校の教員）がいる場合には、その方へも事前に連絡しておくことが必要でしょう。

自分が選択して応募したにもかかわらず、通勤時間がかかり過ぎるなどの理由で辞退する求職者もいます。通勤経路や所要時間は、応募前に確認しておきましょう。

労働条件通知書（様式）

厚生労働省ホームページより転載

（一般労働者用；常用、有期雇用型）

労働条件通知書

	年　月　日 ＿＿＿＿＿＿＿＿殿 事業場名称・所在地 使 用 者 職 氏 名
契約期間	期間の定めなし、期間の定めあり（　年　月　日～　年　月　日） ※以下は、「契約期間」について「期間の定めあり」とした場合に記入 1　契約の更新の有無 ［自動的に更新する・更新する場合があり得る・契約の更新はしない・その他（　）］ 2　契約の更新は次により判断する。 ・契約期間満了時の業務量　・勤務成績、態度　・能力 ・会社の経営状況　・従事している業務の進捗状況 ・その他（　） 3　更新上限の有無（無・有（更新　回まで／通算契約期間　年まで）） 【労働契約法に定める同一の企業との間での通算契約期間が５年を超える有期労働契約の締結の場合】 本契約期間中に会社に対して期間の定めのない労働契約（無期労働契約）の締結の申込みをすることにより、本契約期間の末日の翌日（　年　月　日）から、無期労働契約での雇用に転換することができる。この場合の本契約からの労働条件の変更の有無（　無　・　有（別紙のとおり）　） 【有期雇用特別措置法による特例の対象者の場合】 無期転換申込権が発生しない期間：　Ⅰ（高度専門）・Ⅱ（定年後の高齢者） Ⅰ　特定有期業務の開始から完了までの期間（　年　か月（上限10年）） Ⅱ　定年後引き続いて雇用されている期間
就業の場所	（雇入れ直後）　（変更の範囲）
従事すべき業務の内容	（雇入れ直後）　（変更の範囲） 【有期雇用特別措置法による特例の対象者（高度専門）の場合】 ・特定有期業務（　開始日：　完了日：　）
始業、終業の時刻、休憩時間、就業時転換((1)～(5)のうち該当するもの一つに○を付けること。)、所定時間外労働の有無に関する事項	1　始業・終業の時刻等 (1) 始業（　時　分）　終業（　時　分） 【以下のような制度が労働者に適用される場合】 (2) 変形労働時間制等；（　）単位の変形労働時間制・交替制として、次の勤務時間の組み合わせによる。 始業（　時　分）　終業（　時　分）　（適用日　） 始業（　時　分）　終業（　時　分）　（適用日　） 始業（　時　分）　終業（　時　分）　（適用日　） (3) ﾌﾚｯｸｽﾀｲﾑ制；始業及び終業の時刻は労働者の決定に委ねる。 （ただし、ﾌﾚｷｼﾌﾞﾙﾀｲﾑ（始業）　時　分から　時　分、 （終業）　時　分から　時　分、 ｺｱﾀｲﾑ　時　分から　時　分） (4) 事業場外みなし労働時間制；始業（　時　分）終業（　時　分） (5) 裁量労働制；始業（　時　分）　終業（　時　分）を基本とし、労働者の決定に委ねる。 ○詳細は、就業規則第　条～第　条、第　条～第　条、第　条～第　条 2　休憩時間（　）分 3　所定時間外労働の有無（　有　，　無　）
休　日	・定例日；毎週　曜日、国民の祝日、その他（　） ・非定例日；週・月当たり　日、その他（　） ・１年単位の変形労働時間制の場合－年間　日 ○詳細は、就業規則第　条～第　条、第　条～第　条
休　暇	1　年次有給休暇　６か月継続勤務した場合→　日 継続勤務６か月以内の年次有給休暇　（有・無） →　か月経過で　日 時間単位年休（有・無） 2　代替休暇（有・無） 3　その他の休暇　有給（　） 無給（　） ○詳細は、就業規則第　条～第　条、第　条～第　条

（次頁に続く）

賃　金	1　基本賃金　イ　月給（　　　円）、ロ　日給（　　　円） ハ　時間給（　　　円）、 ニ　出来高給（基本単価　　　円、保障給　　　円） ホ　その他（　　　円） ヘ　就業規則に規定されている賃金等級等 2　諸手当の額又は計算方法 イ（　　手当　　　円　／計算方法：　　　　　） ロ（　　手当　　　円　／計算方法：　　　　　） ハ（　　手当　　　円　／計算方法：　　　　　） ニ（　　手当　　　円　／計算方法：　　　　　） 3　所定時間外、休日又は深夜労働に対して支払われる割増賃金率 イ　所定時間外、法定超　月６０時間以内（　　　）％ 月６０時間超　（　　　）％ 所定超　（　　　）％ ロ　休日　法定休日（　　　）％、法定外休日（　　　）％ ハ　深夜（　　　）％ 4　賃金締切日（　　　）－毎月　日、（　　　）－毎月　日 5　賃金支払日（　　　）－毎月　日、（　　　）－毎月　日 6　賃金の支払方法（　　　　　　　） 7　労使協定に基づく賃金支払時の控除（無　，有（　　　）） 8　昇給（　有（時期、金額等　　　　　）　，　無　） 9　賞与（　有（時期、金額等　　　　　）　，　無　） 10　退職金（　有（時期、金額等　　　　　）　，　無　）
退職に関する事項	1　定年制　（　有　（　　歳）　，　無　） 2　継続雇用制度（　有（　　歳まで）　，　無　） 3　創業支援等措置（　有（　　歳まで業務委託・社会貢献事業）　，　無　） 4　自己都合退職の手続（退職する　　日以上前に届け出ること） 5　解雇の事由及び手続［　　　　　］ ○詳細は、就業規則第　条～第　条、第　条～第　条
そ　の　他	・社会保険の加入状況（　厚生年金　健康保険　その他（　　　）） ・雇用保険の適用（　有　，　無　） ・中小企業退職金共済制度 （加入している　，　加入していない）（※中小企業の場合） ・企業年金制度（　有（制度名　　　　　）　，　無　） ・雇用管理の改善等に関する事項に係る相談窓口 部署名　　　　担当者職氏名　　　　（連絡先　　　　　） ・その他（　　　　　　　　） ※以下は、「契約期間」について「期間の定めあり」とした場合についての説明です。 労働契約法第18条の規定により、有期労働契約（平成25年4月1日以降に開始するもの）の契約期間が通算５年を超える場合には、労働契約の期間の末日までに労働者から申込みをすることにより、当該労働契約の期間の末日の翌日から期間の定めのない労働契約に転換されます。ただし、有期雇用特別措置法による特例の対象となる場合は、無期転換申込権の発生については、特例的に本通知書の「契約期間」の「有期雇用特別措置法による特例の対象者の場合」欄に明示したとおりとなります。

以上のほかは、当社就業規則による。就業規則を確認できる場所や方法（　　　　　　　）

※　本通知書の交付は、労働基準法第１５条に基づく労働条件の明示及び短時間労働者及び有期雇用労働者の雇用管理の改善等に関する法律（パートタイム・有期雇用労働法）第６条に基づく文書の交付を兼ねるものであること。

※　労働条件通知書については、労使間の紛争の未然防止のため、保存しておくことをお勧めします。

【記載要領】

1．労働条件通知書は、当該労働者の労働条件の決定について権限をもつ者が作成し、本人に交付すること。

交付の方法については、書面による交付のほか、労働者が希望する場合には、ファクシミリを利用する送信の方法、電子メールその他のその受信をする者を特定して情報を伝達するために用いられる電気通信の送信の方法（出力して書面を作成できるものに限る）によっても明示することができる。

2．各欄において複数項目の一つを選択する場合には、該当項目に○をつけること。

3．下線部、破線内及び二重線内の事項以外の事項は、書面の交付等の方法（上記１参照）により明示することが労働基準法により義務付けられている事項であること。また、退職金に関する事項、臨時に支払われる賃金等に関する事項、労働者に負担させるべきものに関する事項、安全及び衛生に関する事項、職業訓練に関する事項、災害補償及び業務外の傷病扶助に関する事項、表彰及び制裁に関する事項、休職に関する事項については、当該事項を制度として設けている場合には口頭又は書面等により明示する義務があること。

網掛けの事項は、短時間労働者及び有期雇用労働者に対して書面の交付等により明示することがパートタイム・有期雇用労働法により義務付けられている事項であること。

4．労働契約期間については、労働基準法に定める範囲内とすること。

また、「契約期間」について「期間の定めあり」とした場合には、契約の更新の有無及び更新する場合又はしない場合の判断の基準（複数可）並びに更新上限の有無を明示すること。

労働契約法に定める同一の企業との間での通算契約期間が５年を超える有期労働契約の締結の場合には、無期転換申込機会及び無期転換後の労働条件を明示すること。無期転換後の労働条件を明示するに当たっては、本契約からの労働条件の変更の有無（変更がある場合はその内容を含む。）を明示するか、本契約からの変更の有無にかかわらず明示すべき事項ごとにその内容を明示すること。

（参考）　労働契約法第１８条第１項の規定により、期間の定めがある労働契約の契約期間が通算５年を超えるときは、労働者が申込みをすることにより、期間の定めのない労働契約に転換されるものであること。この申込みの権利は契約期間の満了日まで行使できること。

5．「就業の場所」及び「従事すべき業務の内容」の欄については、雇入れ直後のもの及び将来の就業場所や従事させる業務の変更の範囲を明示すること。

また、有期雇用特別措置法による特例の対象者（高度専門）の場合は、同法に基づき認定を受けた第一種計画に記載している特定有期業務（専門的知識等を必要とし、５年を超える一定の期間内に完了することが予定されている業務）の内容並びに開始日及び完了日も併せて記載すること。なお、特定有期業務の開始日及び完了日は、「契約期間」の欄に記載する有期労働契約の開始日及び終了日とは必ずしも一致しないものであること。

6．「始業、終業の時刻、休憩時間、就業時転換、所定時間外労働の有無に関する事項」の欄については、当該労働者に適用される具体的な条件を明示すること。また、変形労働時間制、フレックスタイム制、裁量労働制等の適用がある場合には、次に留意して記載すること。

・変形労働時間制：適用する変形労働時間制の種類（１年単位、１か月単位等）を記載すること。その際、交替制でない場合、「・交替制」を＝で抹消しておくこと。

・フレックスタイム制：コアタイム又はフレキシブルタイムがある場合はその時間帯の開始及び終了の時刻を記載すること。コアタイム及びフレキシブルタイムがない場合、かっこ書きを＝で抹消しておくこと。

・事業場外みなし労働時間制：所定の始業及び終業の時刻を記載すること。

・裁量労働制：基本とする始業・終業時刻がない場合、「始業………を基本とし、」の部分を＝で抹消しておくこと。

・交替制：シフト毎の始業・終業の時刻を記載すること。また、変形労働時間制でない場合、「（　　）単位の変形労働時間制・」を＝で抹消しておくこと。

7．「休日」の欄については、所定休日について曜日又は日を特定して記載すること。

8．「休暇」の欄については、年次有給休暇は６か月間継続勤務し、その間の出勤率が８割以上であるときに与えるものであり、その付与日数を記載すること。時間単位年休は、労使協定を締結し、時間単位の年次有給休暇を付与するものであり、その制度の有無を記載すること。代替休暇は、労使協定を締結し、法定超えとなる所定時間外労働が１箇月６０時間を超える場合に、法定割増賃金率の引上げ分の割増賃金の支払に代えて有給の休暇を与えるものであり、その制度の有無を記載すること。

また、その他の休暇については、制度がある場合に有給、無給別に休暇の種類、日数（期間等）を記載すること。

9．前記６、７及び８については、明示すべき事項の内容が膨大なものとなる場合においては、所定時間外労働の有無以外の事項については、勤務の種類ごとの始業及び終業の時刻、休日等に関する考え方を示した上、当該労働者に適用される就業規則上の関係条項名を網羅的に示すことで足りるものであること。

10．「賃金」の欄については、基本給等について具体的な額を明記すること。ただし、就業規則に規定されている賃金等級等により賃金額を確定し得る場合、当該等級等を明確に示すことで足りるものであること。

・　法定超えとなる所定時間外労働については２割５分、法定超えとなる所定時間外労働が１箇月６０時間を超える場合については５割、法定休日労働については３割５分、深夜労働については２割５分、法定超えとなる所定時間外労働が深夜労働となる場合については５割、法定超えとなる所定時間外労働が１箇月６０時間を超え、かつ、深夜労働となる場合については７割５分、法定休日労働が深夜労働となる場合については６割以上の割増率とすること。

・　破線内の事項は、制度として設けている場合に記入することが望ましいこと。ただし、網掛けの事項は短時間労働者及び有期雇用労働者に関しては上記３のとおりであること。

11．「退職に関する事項」の欄については、退職の事由及び手続、解雇の事由等を具体的に記載すること。この場合、明示すべき事項の内容が膨大なものとなる場合においては、当該労働者に適用される就業規則上の関係条項名を網羅的に示すことで足りるものであること。

（参考）　なお、定年制を設ける場合は、６０歳を下回ってはならないこと。

また、６５歳未満の定年の定めをしている場合は、高年齢者の６５歳までの安定した雇用を確保するため、次の①から③のいずれかの措置（高年齢者雇用確保措置）を講じる必要があること。加えて、高年齢者の６５歳から７０歳までの安定した就業を確保するため、次の①から⑤のいずれかの措置（高年齢者就業確保措置）を講じるよう努める必要があること。

①定年の引上げ　②継続雇用制度の導入　③定年の定めの廃止

④業務委託契約を締結する制度の導入　⑤社会貢献事業に従事できる制度の導入

12．「その他」の欄については、当該労働者についての社会保険の加入状況及び雇用保険の適用の有無のほか、労働者に負担させるべきものに関する事項、安全及び衛生に関する事項、職業訓練に関する事項、災害補償及び業務外の傷病扶助に関する事項、表彰及び制裁に関する事項、休職に関する事項等を制度として設けている場合に記入することが望ましいこと。

中小企業退職金共済制度、企業年金制度（企業型確定拠出年金制度・確定給付企業年金制度）により退職金制度を設けている場合には、労働条件として口頭又は書面等により明示する義務があること。

「雇用管理の改善等に関する事項に係る相談窓口」は、事業主が短時間労働者及び有期雇用労働者からの苦情を含めた相談を受け付ける際の受付先を記入すること。

13．各事項について、就業規則を示し当該労働者に適用する部分を明確にした上で就業規則を交付する方法によることとした場合、具体的に記入することを要しないこと。

14．就業規則については、労働基準法により労働者への周知が義務付けられているものであり、就業規則を備え付けている場所等を本通知書に記載する等して必要なときに容易に確認できる状態にする必要があるものであること。

＊　この通知書はモデル様式であり、労働条件の定め方によっては、この様式どおりとする必要はないこと。

第 5 章

就職活動や福祉の仕事に関する情報

この章では、就職活動中だけではなく、就職後にも役立つ情報として、福祉人材センターが行う事業やその他の相談機関・窓口の連絡先等を掲載します。

ふくしのしごとが・・・わかる本・

1 福祉人材センター

(1) 福祉人材センターとは

福祉人材センター・福祉人材バンクでは、無料で職業紹介を行っています。ハローワークとの大きな違いは、ハローワークはすべての産業・職種についての求人を取り扱っているのに対し、福祉人材センターは福祉分野の求人を専門に扱っている点です。

都道府県に福祉人材センター、一部の市町村などに福祉人材バンクがあります。そして、それらのセンター・バンクの調整役として中央福祉人材センターがあります。

(2) 福祉人材センター・人材バンクの主な事業

福祉人材センター・人材バンクは、次の3つを柱に事業をすすめています。

①働きたい方と人材を求める方の橋渡し

働きたい方（求職者）と人材を求める方（求人者）を結びつける無料職業紹介事業が中心的な仕事になります。また、幅広い人々に福祉への理解・関心をもってもらい、福祉の仕事に就いてもらえるように、福祉の仕事説明会や就職相談会、就職セミナー等を行っています。

②働きやすい職場づくりの支援

各法人の求人活動の支援、職場内研修の推進、社会福祉士・介護福祉士・保育士等資格取得の推進、福祉の仕事のイメージアップ活動、人事・労務管理の支援、従事者の確保に関する相談活動などを通して、施設・事業所の職場の労働条件整備を進めています。

③福祉従事者の資質向上の支援

社会福祉士・介護福祉士・介護支援専門員等の資格取得準備講習、その他各県の実情に応じてさまざまな研修事業を行い、福祉従事者の専門性の向上を図るために必要な支援を行っています。

(3) 福祉人材センター・人材バンクの位置づけ

都道府県福祉人材センターは、社会福祉法に基づき、都道府県知事の指定を受けて都道府県社会福祉協議会に設置されているものです。また、無料職業紹介事業については、職業安定法に基づき、厚生労働大臣の認可を得て行っています。

福祉人材バンクは、都道府県福祉人材センターの支所として位置づけられ、市社会福祉協議会等に設置されています。

中央福祉人材センターは、社会福祉法に基づき、厚生労働大臣の指定を受け全国社会福祉協議会に設置されています。

(4) 保育士・保育所支援センターとは

都道府県・指定都市・中核市においては、社会福祉協議会、保育園連盟等が受託する形で「保育士・保育所支援センター」が設置されるようになってきました。

相談窓口において、保育士資格を有しながら現在保育士として従事していない「潜在保育士」の活用支援を実施しています。

東京都では、「東京都保育人材・保育所支援センター」という名称で、東京都福祉人材センター内に設置されています。

(5) 都内の福祉職場で働く職員のための相談窓口

東京都福祉人材センターでは東京都から委託を受け、都内の福祉職場で働く職員※のための相談窓口を運営しています。仕事や職場環境のことでお悩みの方の相談窓口「福祉のしごとなんでも相談」は、福祉職場に詳しい相談員が仕事の悩みをお聞きします。こころの不調等でお悩みの方には「こころスッキリ相談」を開設しています。臨床心理士等のカウンセラーが心の悩みをお聞きします。詳しくは東京都福祉人材センターホームページでご確認ください。

※今後、都内の福祉職場に再就職の意思がある方含む

都内の福祉職場で働く職員のための
福祉のしごとなんでも相談

相談無料

福祉職場に詳しい相談員が仕事の悩みをお聞きします。

☎03-5212-5513

電話相談

平日▶10:00～17:30（12/29～1/3を除く）

来所相談

予約 平日▶10:00～17:30（12/29～1/3を除く）

面談 平日▶10:00～17:30（12/29～1/3を除く）

場所 東京都福祉人材センター（飯田橋）…… 予約なし可 予約優先
同センター 多摩支所 （立川）……… 要予約（面談は17時まで）

都内の福祉職場で働く職員のための
こころスッキリ相談

相談無料

臨床心理士等のカウンセラーが心の悩みをお聞きします。（外部機関委託）

フリーダイヤル 0120-981-134

電話相談

毎日▶17:00～22:00（12/29～1/3を除く）

来所相談

予約 毎日▶17:00～22:00（12/29～1/3を除く）

面談 平日▶10:00～20:00 土曜▶10:00～16:00

場所 都内4か所

＊面談は要予約 ＊年間5回まで無料、6回目以降は有料

(6) 介護職員のための介護現場のハラスメント相談

東京都からの委託を受け、介護現場における利用者や家族等からのハラスメントについての相談を電話で受け付けています。対象は、東京都や都内区市町村から介護保険事業所として指定を受けている介護サービス事業所・施設に勤務する介護職員です。介護現場に詳しい相談員が、電話でお悩みをお聞きします。詳しくは、東京都福祉人材センターホームページでご確認ください。

TEL 03-6265-6161 電話相談受付 平日10：00～17：30（12/29～1/3除く）

コラム

離職介護人材・離職保育士の届出制度について

社会福祉法の改正により、2017（平成29）年度から**「介護福祉士資格」**をお持ちの方は、離職時に都道府県福祉人材センターへの届出が「努力義務」となりました。また、介護職員初任者研修、実務者研修、入門的研修、旧ホームヘルパー養成研修1級・2級課程、旧介護職員基礎研修を修了された方も届け出ることができます。

「保育士資格」をお持ちの方は、都道府県または保育士・保育所支援センターに届け出ることができます。なお、保育士については、都道府県によって届出方法や届出先が異なりますので、注意が必要です。

届出をされると就活イベント等の各種情報提供を受けることができるようになります。また、介護福祉士等有資格者の方の場合、「離職介護人材再就職準備金貸付事業」の利用をする際の要件の一つとなっています（103ページ参照）。

届出の方法は、求人情報サイト**「福祉のお仕事」**の**「マイページ」**で登録するか、来所や郵送による届出も可能です。

○福祉のお仕事 届出用登録ページ

https://www1.fukushi-work.jp/cool/mypage/account/create/apply?email&todokedeFlg=1

全国の福祉人材センター

※就職を希望する事業所の所在地の都道府県センター・バンクにご相談ください。

名称	郵便番号	住所	電話番号
北海道福祉人材センター	060-0002	札幌市中央区北2条西7−1 かでる2.7　3階	011−272−6662
函館市福祉人材バンク	040-0063	函館市若松町33−6 函館市総合福祉センター(あいよる21)3階	0138−23−8546
旭川市福祉人材バンク	070-0035	旭川市5条通4−893−1 旭川市ときわ市民ホール1階	0166−23−0138
釧路市福祉人材バンク	085-0011	釧路市旭町12−3 釧路市総合福祉センター内	0154−24−1686
帯広市福祉人材バンク	080-0847	帯広市公園東町3−9−1 帯広市グリーンプラザ内	0155−27−2525
北見市福祉人材バンク	090-0065	北見市寿町3−4−1 北見市総合福祉会館1階	0157−22−8046
苫小牧市福祉人材バンク	053-0021	苫小牧市若草町3−3−8 苫小牧市民活動センター1階	0144−32−7111
青森県福祉人材センター	030-0822	青森市中央3−20−30 県民福祉プラザ２階	017−777−0012
弘前福祉人材バンク	036-8063	弘前市大字宮園2−8−1 社会福祉センター内	0172−36−1830
八戸福祉人材バンク	039-1166	八戸市根城8−8−155 八戸市総合福祉会館1階	0178−47−2940
岩手県福祉人材センター	020-0831	盛岡市三本柳8地割1番3 ふれあいランド岩手2階	019−637−4522
宮城県福祉人材センター	980-0014	仙台市青葉区本町3−7−4 宮城県社会福祉会館1階	022−262−9777
秋田県福祉保健人材・研修センター	010-0922	秋田市旭北栄町1−5 秋田県社会福祉会館5階	018−864−2880
山形県福祉人材センター	990-0021	山形市小白川町2−3−30 山形県小白川庁舎内1階	023−633−7739
福島県福祉人材センター	960-8141	福島市渡利字七社宮111 福島県総合社会福祉センター内	024−521−5662
茨城県福祉人材センター	310-8586	水戸市千波町1918 茨城県総合福祉会館2階	029−244−4544
栃木県福祉人材・研修センター	320-8508	宇都宮市若草1−10−6 とちぎ福祉プラザ3階	028−643−5622
群馬県福祉マンパワーセンター	371-8525	前橋市新前橋町13−12 群馬県社会福祉総合センター6階	027−255−6600
東毛地区福祉人材バンク	373-0817	太田市飯塚町1549太田市福祉会館内	0276−48−9599
埼玉県福祉人材センター	330-8529	さいたま市浦和区針ヶ谷4−2−65 彩の国すこやかプラザ1階	048−833−8033
千葉県福祉人材センター	260-8508	千葉市中央区千葉港4−5 千葉県社会福祉センター1階	043−306−1277
東京都福祉人材センター	102-0072	千代田区飯田橋3−10−3 東京しごとセンター内	03−5211−2860
東京都福祉人材センター（TOKYOチャレンジネット　介護職支援コース）	160-0021	新宿区歌舞伎町2-44-1 東京都健康プラザ「ハイジア」３階	03−5155−7804
東京都福祉人材センター多摩支所	190-0012	立川市曙町2−34−13 オリンピック第3ビル7階	042−595−8422

名称	郵便番号	住所	電話番号
かながわ福祉人材センター	221-0835	横浜市神奈川区鶴屋町2－24－2 かながわ県民センター13階	045－312－4816
川崎市福祉人材バンク	211-0053	川崎市中原区上小田中6－22－5 川崎市総合福祉センター5階	044－739－8726
新潟県福祉人材センター	950-8575	新潟市中央区上所2－2－2 新潟ユニゾンプラザ3階	025－281－5523
富山県健康・福祉人材センター	930-0094	富山市安住町5－21　富山県総合福祉会館（サンシップとやま）2階	076－432－6156
石川県福祉の仕事マッチングサポートセンター	920-0935	金沢市石引4-17-1 石川県本多の森庁舎１階	076－234－1151
福井県福祉人材センター	910-8516	福井市光陽2－3－22 福井県社会福祉センター1階	0776－28－3180
嶺南福祉人材バンク	917-0069	小浜市小浜白鬚112　白鬚再開発ビル3階 福井県社会福祉協議会嶺南支所内	0770－52－7833
山梨県福祉人材センター	400-0005	甲府市北新1－2－12 山梨県福祉プラザ4階	055－254－8654
長野県福祉人材センター	380-0936	長野市中御所岡田98-1 長野保健福祉事務所庁舎内	026－226－7330
岐阜県福祉人材総合支援センター	500-8385	岐阜市下奈良2－2－1 岐阜県福祉・農業会館3階	058－276－2510
静岡県社会福祉人材センター	420-0856	静岡市葵区駿府町1－70 静岡県総合社会福祉会館シズウエル3階	054－271－2110
静岡県社会福祉人材センター東部支所	410-0801	沼津市大手町1－1－3 沼津産業ビル2階	055－952－2942
浜松市福祉人材バンク	432-8035	浜松市中区成子町140-8 浜松市福祉交流センター1階	053－458－9205
愛知県福祉人材センター	461-0011	名古屋市東区白壁1－50 愛知県社会福祉会館5階	052－212－5519
豊橋市福祉人材バンク	440-0055	豊橋市前畑町115 豊橋市総合福祉センター内	0532－52－1111
三重県福祉人材センター	514-8552	津市桜橋2－131 三重県社会福祉会館内	059－227－5160
滋賀県介護・福祉人材センター くさつセンター	525-0032	草津市大路1－1－1 エルティ932　3階	077－567－3925
滋賀県介護・福祉人材センター ひこねセンター	522-0074	彦根市大東町2-28 アル・プラザ彦根4階コージータウン内	0749－21－6300
京都府福祉人材・研修センター	604-0874	京都市中京区竹屋町通烏丸東入ル清水町375　ハートピア京都地下1階	075－252－6297
大阪福祉人材支援センター	542-0065	大阪市中央区中寺1－1－54 大阪社会福祉指導センター3階	06－6762－9020
兵庫県福祉人材センター	651-0062	神戸市中央区坂口通2－1－1 兵庫県福祉センター1階	078－271－3881
奈良県福祉人材センター	634-0061	橿原市大久保町320－11 奈良県社会福祉総合センター3階	0744－29－0160
和歌山県福祉人材センター	640-8545	和歌山市手平2－1－2 県民交流プラザ和歌山ビッグ愛7階	073－435－5211
紀南福祉人材バンク	646-0028	田辺市高雄1－23－1 田辺市民総合センター内	0739－26－4918
鳥取県福祉人材センター	689-0201	鳥取市伏野1729－5 鳥取県立福祉人材研修センター内	0857－59－6336
島根県福祉人材センター	690-0011	松江市東津田町1741－3 いきいきプラザ島根2階	0852－32－5957

名称	郵便番号	住所	電話番号
島根県福祉人材センター石見分室	697-0016	浜田市野原町1826−1　いわみーる2階	0855−24−9340
岡山県福祉人材センター	700-0807	岡山市北区南方2−13−1 きらめきプラザ１階	086−226−3507
広島県社会福祉人材育成センター	732-0816	広島市南区比治山本町12−2 広島県社会福祉会館内	082−256−4848
くれ福祉人材バンク	737-8517	呉市中央5-12-21　呉市福祉会館内	0823−21−5013
山口県福祉人材センター	754-0041	山口市小郡令和1-1-1 KDDI維新ホール3階	083−902−2355
徳島県福祉人材センターアイネット	770-0943	徳島市中昭和町1−2 徳島県立総合福祉センター3階	088−625−2040
香川県福祉人材センター	760-0017	高松市番町1−10−35 香川県社会福祉総合センター4階	087−833−0250
愛媛県福祉人材センター	790-8553	松山市持田町3−8−15 愛媛県総合社会福祉会館2階	089−921−5344
高知県福祉人材センター	780-8567	高知市朝倉戊375−1 ふくし交流プラザ1階	088−844−3511
安芸福祉人材バンク	784-0007	安芸市寿町2−8　総合社会福祉センター内	0887−35−2915
幡多福祉人材バンク	787-0012	四万十市右山五月町8−3 社会福祉センター内	0880−35−5514
福岡県福祉人材センター	816-0804	春日市原町3−1−7 クローバープラザ東棟2階	092−584−3310
筑後地区福祉人材バンク	830-0027	久留米市長門石1−1−34 久留米市総合福祉センター内	0942−34−3035
筑豊地区福祉人材バンク	820-0011	飯塚市柏の森956−4 社会福祉協議会内	0948−23−2210
京築地区福祉人材バンク	824-0063	行橋市中津熊501 行橋市総合福祉センター（ウィズゆくはし）内	0930−23−8495
佐賀県福祉人材・研修センター	840-0021	佐賀市天神1−4−15 佐賀県社会福祉会館2階	0952−28−3406
長崎県福祉人材センター	852-8555	長崎市茂里町3−24 長崎県総合福祉センター2階	095−846−8656
佐世保福祉人材バンク	857-0028	佐世保市八幡町6−1	0956−24−1184
熊本県福祉人材・研修センター	860-0842	熊本市中央区南千反畑町3−7 熊本県総合福祉センター4階	096−322−8077
大分県福祉人材センター	870-0161	大分市明野東3−4−1 大分県社会福祉介護研修センター内	097−552−7000
日田市福祉人材バンク	877-0003	日田市上城内町1−8 日田市総合保健福祉センター3階	0973−24−7026
宮崎県福祉人材センター	880-8515	宮崎市原町2−22 宮崎県福祉総合センター人材研修館1階	0985−32−9740
鹿児島県福祉人材・研修センター	890-8517	鹿児島市鴨池新町1−7 鹿児島県社会福祉センター内	099−258−7888
沖縄県福祉人材研修センター	903-8603	那覇市首里石嶺町4−373−1 沖縄県総合福祉センター西棟3階	098−882−5703
名護市福祉人材バンク	905-0014	名護市港2−1−1 名護市民会館内福祉センター	0980−53−4142
中央福祉人材センター	100-8980	千代田区霞が関3−3−2 新霞が関ビル （全国社会福祉協議会内）	03−3581−7801

2 介護職等のための資金貸付

(1) 介護福祉士等修学資金貸付・実務者研修受講資金貸付

	介護福祉士・社会福祉士	実務者研修
趣旨	介護福祉士・社会福祉士の養成施設に在学中の方を対象に修学資金を貸付け、介護福祉士・社会福祉士の資格取得を支援します。	実務者研修施設に在学中の方を対象に受講資金を貸付け、介護福祉士の資格取得を支援します。
貸付額	月額５万円以内 入学準備金　20万円以内（任意） 就職準備金　20万円以内（任意） 介護福祉士国家試験受験対策費用　４万円以内	20万円以内
貸付期間	養成施設の正規の修学期間	実務者研修施設の正規の修学期間
返還免除	卒業後、都内の指定施設で介護福祉士・社会福祉士として介護等の業務に継続して５年間従事	卒業後、都内の指定施設で介護福祉士として介護等の業務に継続して２年間従事

(2) 離職介護人材再就職準備金貸付

趣旨	介護職員として一定の知識と経験を有していながら、介護の現場から離れていた方が、再び介護職として就職した際、再就職に必要な費用を貸付けます。
貸付額	40万円以内
貸付回数	１回限り
返還免除	都内で介護職員として継続して２年間従事
注意点	申込前に東京都福祉人材センターへの「離職介護人材としての届出」が必要です。

※以下、(3)〜(5)の貸付事業は、2021（令和３）年度より開始しています。

(3) 介護分野就職支援金貸付

趣旨	介護分野での慢性的な人手不足を踏まえ、より幅広く新たな介護人材を確保する観点から、他業種で働いていた方等の介護分野への参入を促進するため、就職の際に必要な経費を貸付けます。
貸付額	20万円以内
貸付回数	１回限り
返還免除	都内で介護職員等として継続して２年間従事

(4) 障害福祉分野就職支援金貸付

趣旨	障害福祉分野での慢性的な人手不足を踏まえ、より幅広く新たな福祉人材を確保する観点から、他業種で働いていた方等の障害福祉分野への参入を促進するため、就職の際に必要な経費を貸付けます。
貸付額	20万円以内
貸付回数	１回限り
返還免除	都内で障害福祉職員等として継続して２年間従事

(5) 福祉系高校修学資金貸付

趣旨	「福祉系高校」に在学し、介護福祉士の資格の取得を目指す学生に対し、修学資金を貸付けます。
貸付額	修学準備金 3万円以内 介護実習費１年度当たり 3万円以内 国家試験受験対策費１年度当たり 4万円以内 就職準備金 20万円以内
貸付期間	福祉系高校の正規の修学期間
返還免除	福祉系高校を卒業し、介護福祉士として都内の介護保険事業所で、介護職員等の業務に３年間従事※ ※福祉系高校を卒業し、介護福祉士として都内の福祉分野の事業所で、相談業務等に従事した場合は、『福祉系高校修学資金返還充当資金貸付』に移行。同様に、継続して３年間従事。

≪共通の注意事項≫

※１　貸付は無利子です。

※２　貸付申込にあたっては収入基準等の要件を満たす連帯保証人が必要です。

※３　返還免除の要件を満たさなかった場合には、全額返還となります。

■介護職等のための資金貸付の詳細について

貸付対象や、各種要件の詳細については、**「東京都福祉人材センター」**のホームページ（トップページ）を下にスクロールして**「福祉人材のための資金貸付事業」**をクリックし、各資金のページの「貸付申込みのしおり」等を必ず参照してください。

3 保育職のための資金貸付

(1) 保育士修学資金貸付

趣旨	保育士養成施設に在学する方に修学資金の貸付を行い、修学しやすくすることにより、保育士資格の取得を支援します。
貸付額	月額５万円以内　総額120万円以内 入学準備金　20万円以内（任意） 就職準備金　20万円以内（任意）
貸付期間	原則２年間
返還免除	卒業後、都内の保育所等で保育士として継続して５年間従事

(2) 未就学児をもつ潜在保育士に対する保育所復帰支援資金貸付

趣旨	潜在保育士の子供の保育料の一部について貸付を行うことにより、保育士として復帰することを支援します。
貸付額	保育料の半額（月27,000円以内）
貸付期間	勤務開始または産育休復帰から子供を復帰対象施設等に預けて勤務する期間（最長１年間）
返還免除	都内の保育所等で保育士として継続して２年間従事

(3) 潜在保育士の再就職支援資金貸付

趣旨	潜在保育士が再就職するときに必要な費用について貸付を行い、再就職を支援します。
貸付額	40万円以内
貸付回数	１回限り
返還免除	都内の保育所等で保育士として継続して２年間従事

(4) 未就学児をもつ保育士の子供の預かり支援資金貸付

趣旨	保育所等に勤務する未就学児を持つ保育士が、勤務時間（早朝や夜間）によって預け先が確保しづらいことから、子供の預かり支援に関する事業を利用する際の利用料の一部について貸付を行うことにより、保育人材の定着を促進します。
貸付額	利用料の半額（年123,000円以内）
貸付期間	保育士として勤務する期間（最長２年間）
返還免除	都内の保育所等で保育士として継続して２年間従事

≪共通の注意事項≫

※１　貸付は無利子です。

※２　貸付申込にあたっては、収入基準等の要件を満たす連帯保証人が必要です。

※３　返還免除の要件を満たさなかった場合には、全額返還となります。

※４　(2)(4)の資金は、貸付期間終了後に実際にかかった保育料等を証明する書類等の確認をします。貸付額との差額が生じた場合には、その差額を精算します。

■保育職のための資金貸付の詳細について

貸付対象や、各種要件の詳細については、**「東京都福祉人材センター」**のホームページ（トップページ）を下にスクロールして**「福祉人材のための資金貸付事業」**をクリックし、各資金のページの「貸付申込みのしおり」等を必ず参照してください。

4 ハローワーク（公共職業安定所）等

ハローワーク（公共職業安定所・都内に17か所）では、すべての産業・職種についての求人を取り扱っています。地域別のハローワークの他、「新卒応援」「わかもの」「U-35」「マザーズ」「外国人雇用」「人材確保・就労支援」など対象者別の相談窓口も設けられています。

人材確保・就職支援コーナー（ハートフルワークコーナー）

ハローワークでは、介護・看護・保育などの福祉の仕事につきたい方の専門窓口として、「人材確保・就職支援コーナー」を各都道府県に１か所以上設置しています。

東京都ではハローワーク池袋ほか計７か所を拠点として、職業相談・紹介のほか、合同面接会や社会福祉施設等への見学会等の開催なども行っています。

ハローワーク池袋　サンシャイン庁舎3階
TEL　03-3987-4367
ハローワーク足立　東京芸術センター6階
TEL　03-3870-8614
ハローワーク渋谷　２階
TEL　03-3476-8609（47#）
ハローワーク墨田　１階
TEL　03-5669-8609（49#）
ハローワーク木場　１階
TEL　03-3643-8627
ハローワーク八王子
TEL　042-648-8612
ハローワーク立川　２階
TEL　042-525-8629

ハローワーク

総合的雇用サービス機関として、求人の受理や職業の紹介をはじめ、雇用に関する各種の相談・指導などの業務を行っています。

所名	所在地	電話	管轄
飯田橋	〒112−8577　文京区後楽1−9−20 飯田橋合同庁舎内1～5階	03−3812−8609	千代田区・中央区・文京区・大島町・八丈町・利島村・新島村・神津島村・三宅村・御蔵島村・青ヶ島村 ※小笠原村については、小笠原総合事務所（父島字東町152） TEL　04998−2−2102
上野	〒110−8609　台東区東上野4−1−2	03−3847−8609	台東区
品川	〒108−0014　港区芝5−35−3	03−5419−8609	港区・品川区
大森	〒143−8588　大田区大森北4−16−7	03−5493−8609	大田区
渋谷	〒150−0041　渋谷区神南1−3−5	03−3476−8609	渋谷区・世田谷区・目黒区
新宿	〈歌舞伎町庁舎〉〒160−8489 新宿区歌舞伎町2−42−10	03−3200−8609	新宿区・中野区・杉並区
	〈西新宿庁舎〉〒163−1523 新宿区西新宿1−6−1 新宿エルタワービル23階	03−5325−9593 職業相談	
池袋	〈池袋庁舎〉〒170−8409 豊島区東池袋3−5−13	03−3987−8609	豊島区・板橋区・練馬区
	〈サンシャイン庁舎〉〒170-6003 豊島区東池袋3−1−1 サンシャイン60　3階	03−5911−8609 職業相談	
王子	〒114−0002　北区王子6−1−17	03−5390−8609	北区

所名	所在地	電話	管轄
足立	〒120－8530　足立区千住1－4－1 東京芸術センター6～8階	03－3870－8609	足立区・荒川区
墨田	〒130－8609　墨田区江東橋2－19－12	03－5669－8609	墨田区・葛飾区
木場	〒135－8609　江東区木場2－13－19	03－3643－8609	江東区・江戸川区
八王子	〒192－0904　八王子市子安町1－13－1	042－648－8609	八王子市・日野市
立川	〒190－8609　立川市緑町4－2 立川地方合同庁舎1～3階	042－525－8609	立川市・国立市・小金井市・昭島市・小平市・東村山市・国分寺市・東大和市・武蔵村山市
青梅	〒198－0042　青梅市東青梅3－12－16	0428－24－8609	青梅市・福生市・あきる野市・羽村市・西多摩郡
三鷹	〈本庁舎〉〒181－8517 三鷹市下連雀4－15－18 〈分庁舎〉〒181-8517 三鷹市下連雀4-15-31　KDXレジデンス三鷹1階・2階	0422－47－8609	三鷹市・武蔵野市・西東京市・東久留米市・清瀬市
町田	〈本庁舎〉〒194－0022 町田市森野2－28－14　町田合同庁舎１階 〈森野ビル庁舎〉〒194-0022 町田市森野1-23-19　小田急町田森野ビル2階	042－732－8609	町田市
府中	〒183－0045　府中市美好町1－3－1	042－336－8609	府中市・稲城市・多摩市・調布市・狛江市

その他の関連施設等

所名	所在地	電話	業務内容
東京新卒応援ハローワーク	〒163－0721　新宿区西新宿2－7－1 小田急第一生命ビル21階	03－5339－8609	新たに大学院・大学・短大・専修学校等を卒業する方、概ね卒業後3年以内の既卒者への支援を行っています。
八王子新卒応援ハローワーク	〒192-0083　八王子市旭町10－2 八王子TCビル６階	042－631－9505	
マザーズハローワーク東京	〒150－0002　渋谷区渋谷１－13－７ ヒューリック渋谷ビル３階	03－3409－8609	仕事と育児、家事、介護を両立させるための情報提供や再就職支援を行っています。 子供連れでも相談可能。
マザーズハローワーク日暮里	〒116-0013　荒川区西日暮里2－29－3 日清ビル5階	03－5850－8611	仕事と育児、家事、介護を両立させるための情報提供や再就職支援を行っています。 子供連れでも相談可能。
マザーズハローワーク立川	〒190-0023　立川市柴崎町3－9－2 立川駅南口東京都・立川市合同施設 ４階	042－529－7465	仕事と育児、家事、介護を両立させるための情報提供や再就職支援を行っています。 子供連れでも相談可能。
ハローワーク飯田橋U-35	〒102－0072　千代田区飯田橋3-10-3 東京しごとセンター内	03－5212－8609	概ね34歳以下の求職者の方の就職に関する職業相談、紹介、求人情報提供を行っています。
東京わかものハローワーク	〒150-0002　渋谷区渋谷2－15－1 渋谷クロスタワー８階	03－3409－0328	正社員での就職を目指している若年者の方（大学等卒業予定者含む）、正社員として働いた経験が少ない方を対象に支援を行っています。
新宿わかものハローワーク	〒160－0023　新宿区西新宿1－7－1 松岡セントラルビル9階	03－5909－8609	
日暮里わかものハローワーク	〒116-0013　荒川区西日暮里2-29-3 日清ビル７階	03－5850－8609	
東京外国人雇用サービスセンター	〒160-0004　新宿区四谷1－6－1 コモレ四谷　四谷タワー13階	03－5361－8722	日本で就職を希望する外国人留学生の方、専門的・技術的分野の在留資格の方の就職支援を行っています。
新宿外国人雇用支援・指導センター	〒160－8489　新宿区歌舞伎町2-42-10 ハローワーク新宿　歌舞伎町庁舎１階	03－3204－8609	日本人の配偶者等、定住者などの就労に制限のない在留資格の方、アルバイトを希望する外国人留学生・就学生の方等の就職支援を行っています。

5 働き始めてからのトラブル相談窓口等

総合労働相談コーナーでは、解雇、労働条件、募集・採用、いじめ、嫌がらせ、セクシャルハラスメント等を含めた労働問題に関するあらゆる分野の相談を、専門の相談員が面談あるいは電話で受付けています。

★…女性相談員がいます

コーナー名	所在地	電話
★東京労働局 総合労働相談コーナー	〒102－8305　千代田区九段南1－2－1　九段第3合同庁舎14階	03－3512－1608
★有楽町 総合労働相談コーナー	〒100－0006　千代田区有楽町2－10－1 東京交通会館3階（専門コーナー）	0120－601－556 （都内の一般電話のみ通話可） 03－5288－8500
★中央 総合労働相談コーナー	〒112－8573　文京区後楽1－9－20　飯田橋合同庁舎6階 （中央労働基準監督署内）	03－6866－0008
上野 総合労働相談コーナー	〒110－0008　台東区池之端1－2－22　上野合同庁舎7階 （上野労働基準監督署内）	03－6872－1144
三田 総合労働相談コーナー	〒108－0014　港区芝5－35－2　安全衛生総合会館3階 （三田労働基準監督署内）	03－6858－0769
★品川 総合労働相談コーナー	〒141－0021　品川区上大崎3－13－26 （品川労働基準監督署内）	03－6681－1521
大田 総合労働相談コーナー	〒144－8606　大田区蒲田5－40－3　TT蒲田駅前ビル8・9階 （大田労働基準監督署内）	03－6842－2143
★渋谷 総合労働相談コーナー	〒150－0041　渋谷区神南1－3－5　渋谷神南合同庁舎5階 （渋谷労働基準監督署内）	03－6849－1167
★新宿 総合労働相談コーナー	〒169－0073　新宿区百人町4－4－1　新宿労働総合庁舎4階 （新宿労働基準監督署内）	03－6863－4460
池袋 総合労働相談コーナー	〒171－8502　豊島区池袋4－30－20　豊島地方合同庁舎1階 （池袋労働基準監督署内）	03－6871－6537
王子 総合労働相談コーナー	〒115－0045　北区赤羽2－8－5 （王子労働基準監督署内）	03－6679－0133
★足立 総合労働相談コーナー	〒120－0026　足立区千住旭町4－21　足立地方合同庁舎4階 （足立労働基準監督署内）	03－6684－4573
向島 総合労働相談コーナー	〒130－0032　墨田区東向島4－33－13 （向島労働基準監督署内）	03－5630－1043
亀戸 総合労働相談コーナー	〒136－8513　江東区亀戸2－19－1　カメリアプラザ8階 （亀戸労働基準監督署内）	03－6849－4503
江戸川 総合労働相談コーナー	〒134－0091　江戸川区船堀2－4－11 （江戸川労働基準監督署内）	03－6681－8125
八王子 総合労働相談コーナー	〒192－0046　八王子市明神町3－8－10 （八王子労働基準監督署内）	042－680－8081
★立川 総合労働相談コーナー	〒190－8516　立川市緑町4－2　立川地方合同庁舎3階 （立川労働基準監督署内）	042－846－4821
青梅 総合労働相談コーナー	〒198－0042　青梅市東青梅2－6－2 （青梅労働基準監督署内）	0428－28－0854
三鷹 総合労働相談コーナー	〒180－8518　武蔵野市御殿山1－1－3　クリスタルパークビル3階 （三鷹労働基準監督署内）	0422－67－6340
町田 総合労働相談コーナー	〒194－0022　町田市森野2－28－14　町田地方合同庁舎2階 （八王子労働基準監督署町田支署内）	042－718－8342

東京都 労働相談情報センター （電話労働相談専用ダイヤル・東京都ろうどう110番）	〒102－0072 千代田区飯田橋3－10－3　東京しごとセンター内	0570－00－6110

6 就職活動に役立つ情報

ホームページ

福祉関連の制度や事業所の情報を始めとして、関係団体のホームページにはさまざまな情報が公開されています。就職活動に役立つ情報も入手することができますので、ご活用ください。

【介護事業所・生活関連情報検索　介護サービス情報公表システム（厚生労働省）】
https://www.kaigokensaku.mhlw.go.jp
利用者が介護サービス事業所・施設を選ぶための情報を都道府県が提供しています。2015（平成27）年度の制度改正で、従事者に関する詳細な情報も公表することになり、求職者向け情報としても活用できるシステムとなっています。

【障害福祉サービス等情報検索ウェブサイト】
https://www.wam.go.jp/sfkohyoout/COP000100E0000.do
全国の障害福祉サービス等事業所を住所や名称などから検索し、事業所のサービス内容、従業者、利用者に関する事項などの基本的な情報のほか、事業所運営に関する情報を閲覧することができます。〔2018（平成30）年9月開始〕

【ハローワークインターネットサービス】
https://www.hellowork.mhlw.go.jp
全国のハローワークの求人情報や、教育訓練給付制度・講座等を検索することができます。

【東京都福祉局】
https://www.fukushi.metro.tokyo.lg.jp
東京都の取り組みや、法律や制度の新しい動きに関する情報を入手することができます。

【社会福祉法人・施設・在宅サービス事業者に対する指導検査結果】
https://www2.fukushihoken.metro.tokyo.lg.jp/houjin/shisetsu.htm
東京都が所管する社会福祉法人や社会福祉施設等に関する情報を入手することができます。

【東京都障害者サービス情報】
https://www.shougaifukushi.metro.tokyo.lg.jp
障害者総合支援法及び児童福祉法に基づいて、東京都に申請し指定を受けた事業所を検索することができます。

【とうきょう保育情報】
https://www.fukushihoken.metro.tokyo.lg.jp/kodomo/tokyo_hoiku/index.html
都内の保育所検索や保育施策が調べられるポータルサイトです。

【ふくむすび（東京都福祉人材情報バンクシステム）】
https://www.fukushijinzai.metro.tokyo.lg.jp
都内の全福祉事業所の基本情報・職員募集・職場体験受入等の取組状況や働きやすい職場づくりに取り組む福祉事業所の情報を見られます。また都内自治体や就労支援機関が実施している福祉の仕事に関する研修・イベント情報を検索できます。

【TOKYOはたらくネット】
https://www.hataraku.metro.tokyo.lg.jp
東京都の雇用就業に関するサイトで、仕事の検索や職業能力開発、セミナー、労働相談Q＆Aの紹介などを行っています。

【福ナビ　とうきょう福祉ナビゲーション】
https://www.fukunavi.or.jp/fukunavi/
公益財団法人東京都福祉保健財団が運営するこのサイトでは、東京都内の福祉サービス関する情報を提供しており、「介護サービス情報の公表」「福祉サービス第三者評価」情報についてもこのサイトから見ることができます。

【東京しごとセンター】
https://www.tokyoshigoto.jp
東京しごとセンターは、都民の雇用・就業を支援するために、東京都が設置した「しごとに関するワンストップサービスセンター」です。

7 福祉の仕事に関する職能団体

それぞれの資格・職種ごとに職能団体が組織されています。全国組織のほか、都道府県支部も多くの場合設置されています。

また、各団体のホームページには最近の制度に関する情報のほか、専門職としての知識や技術の向上のためさまざまな研修等も行われています。

公益社団法人東京都介護福祉士会

〒135-0003
江東区猿江1-3-7 パーク・ノヴァ猿江恩賜公園102号
TEL　03-5624-2821

公益社団法人東京社会福祉士会

〒170-0005
豊島区南大塚3-43-11　福祉財団ビル5階
TEL　03-5944-8466

一般社団法人
東京精神保健福祉士協会

〒169-0072
新宿区大久保1-1-2　富士一ビル4階
日本障害者センター内
問い合わせは　https://tokyo-psw.com サイトより

特定非営利活動法人
東京都介護支援専門員研究協議会

〒102-0072
千代田区飯田橋2-9-3　かすがビル10階
TEL　03-3556-1541

一般社団法人東京都医療ソーシャルワーカー協会

〒170-0005
豊島区南大塚3-43-11　福祉財団ビル5階
TEL　03-5944-8912

※医療ソーシャルワーカーの求人情報については、公益社団法人日本医療ソーシャルワーカー協会のホームページ（https://www.jaswhs.or.jp）でも検索可能。

公益社団法人東京都栄養士会

〒160-0004
新宿区四谷3-9　慶和ビル3階
TEL　03-6457-8590

公益社団法人東京都看護協会

〒160-0023
新宿区西新宿4-2-19
TEL　03-6300-0730

〔東京都ナースプラザ〕
東京都看護協会会館5階
TEL　03-5309-2063

公益社団法人東京都理学療法士協会

〒151-0053
渋谷区代々木1-58-7　ヴェラハイツ代々木201号
FAX　03-3370-9036
メールアドレス　tpta@eagle.ocn.ne.jp

一般社団法人東京都作業療法士会

〒160-0022
新宿区新宿5-4-1　新宿Qフラットビル501
TEL　03-6380-4681

一般社団法人東京都言語聴覚士会

〒171-0042
東京都豊島区高松2-48-3　杏コートウエスト202
FAX　03-3903-3836
メールアドレス　info@st-toshikai.org

東社協の本

YOSUGA

福祉職場の新任職員・未経験者は何に悩んでいる？

東京都内の特別養護老人ホームで働く現役の介護職員を対象に実施した「介護の魅力アンケート」の回答を紹介しながら、“東京ケアリーダーズ”が介護職の魅力を伝えるべく作成したものです。

尊厳や生命にも関わる介護の専門性の高さ、職場内や利用者とその家族などを含めた人間関係の葛藤や感動、若手の介護職員が悩み考えながら一歩ずつ前進する姿、ひたむきに高齢者と向き合う姿が浮かび上がってきます。日々邁進している現役介護職が、自分たちの言葉をとおして、介護の仕事の魅力をお伝えします。

A5判/60頁　定価495円（本体450円+税10％）　発行：2022年4月

見てみよう、聞いてみよう　未来を拓く福祉のしごと

福祉について知りたい中学生をはじめ、幅広い方向けの冊子です。

特別養護老人ホームや障害者支援施設など、さまざまな福祉分野の職場で働く職員を取材し、仕事の魅力ややりがい、職場での1日の仕事内容を紹介しています。ほかにも、取材をした職員の方々の福祉との出会いや、現在の仕事に就くまでの流れなども分かりやすくまとめました。

職場体験の事前学習や、中学校等での福祉教育・福祉学習の副教材･入門書として、ぜひご活用ください。

B5判/36頁　定価440円（本体400円+税10％）　発行：2022年4月

チームで取り組む地域共生社会づくり Vol.2

民生児童委員･社会福祉法人･社会福祉協議会の3者連携による4つの実践事例集

東社協地域福祉推進委員会では、民生児童委員･社会福祉法人･社会福祉協議会の地域福祉コーディネーター等の３者が核となり、地域の多様な主体と連携を図りながら地域共生社会づくりを進める「東京モデル」を提起しています。本書は３者がつながり地域で実践されている４つの事例を紹介しています。つながり方や活動内容はさまざまで、多様な地域活動への広がりの可能性も感じられます。３者連携によるさまざまな実践事例と当人たちの思いが、今後の方向性を考えるきっかけやヒントになれば幸いです。

A5判/40頁　定価495円（本体450円+税10％）　発行：2023年4月

制度解説パンフレット「とは…」シリーズ

制度の内容を理解するために、また、地域や学校での学習会等での資料にぜひご活用ください。

◆成年後見制度とは…〔改訂第4版〕
発行：2023年6月　定価550円(本体500円+税10%)

◆障害者総合支援法とは…〔改訂第3版〕
発行：2020年１０月　定価550円(本体500円+税10%)

◆介護保険制度とは…〔改訂第14版〕
発行：2019年8月　定価440円(本体400円+税10%)

◆地域福祉権利擁護事業とは…〔改訂第３版〕
発行：2016年9月　定価440円(本体400円+税10%)

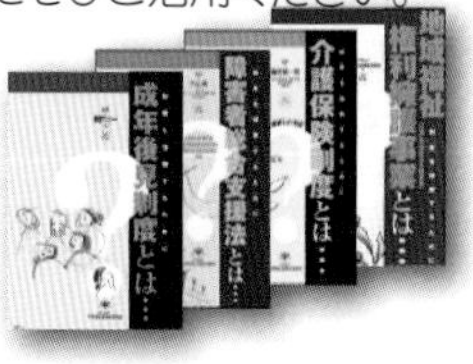

各A4判/ 32頁

他にもHPに多数、東社協の本を掲載しています。

◆お問い合わせ・お申込み◆　東京都社会福祉協議会 図書係

〒162−8953　東京都新宿区神楽河岸1−1

TEL　03（3268）7185　　FAX　03（3268）7433

ホームページからご注文ができます！　https://toshakyobook.com/

求人情報サイト「福祉のお仕事」を活用しよう!!

https://www.fukushi-work.jp/

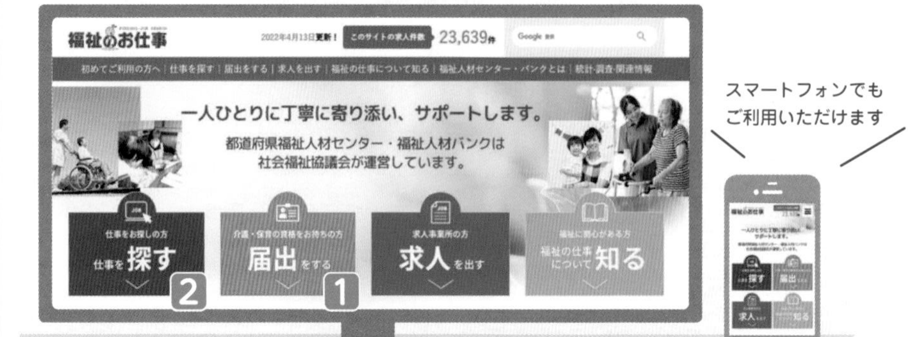

1 介護福祉士（初任者研修、実務者研修等含む）や保育士資格をお持ちの方
2 1以外の方

- 求人情報は毎日更新しています。
- 希望の分野、職種、勤務形態等の条件を設定し、検索することができます。
- 地域に絞った求人検索もできるため、地元で仕事を探す際にも便利です。
- 事業所の理念や特徴、福利厚生に関する情報も閲覧できます。

step 01

求人票の検索

全国の求人情報が見られます。

step 02

マイページ登録

サイト画面1または2より「マイページ登録」をお願いします。この登録により、センターからセミナーや面接会開催情報が届く他、求職登録も可能になります。

step 03

求職票登録

左記Step02を経て、さらに「求職票登録」をすると、事業者への直接応募、センターへの紹介依頼を行うことができます。また、求人票のお気に入り登録、自動マッチングメール、スカウトサービスの利用が可能になります。

step 04

選考（面接等）

ご本人が必要書類をそろえて面接などの選考を受けます。

step 05

選考結果の連絡

応募した求人事業所よりご本人に連絡が来ます。就職が決まった際には、お電話等でセンターまでご連絡をお願いいたします。